Davidoff
Davidoff

Davidoff
Davidoff
Davidoff

Das große Buch der
ZIGARRE

Collection Rolf Heyne

Anwer Bati

Das große Buch der ZIGARRE

Collection Rolf Heyne

Titel der englischsprachigen Originalausgabe: Celebrating Cigars
Ins Deutsche übertragen von Michael Sailer

Die Originalausgabe erschien 2004 bei Duncan Petersen Publishing Ltd, London

www.collection-rolf-heyne.de

Umschlaggestaltung: Hauptmann und Kampa Werbeagentur, München – Zürich
Layout: Picthall und Gunzi, David Fordham
Studiofotografie: Geoff Dann
Redaktion, Satz und Herstellung: bookwise Medienproduktion GmbH, München
Lithografie: Colour House, London
Druck und Bindung: Polygraf Print

Printed in Slovakia

ISBN 3-89910-238-X

Vorwort

MEIN ERSTES WERK über handgemachte Zigarren (mit dem einfachen Titel *Zigarren!*) wurde zum meistverkauften Zigarrenbuch überhaupt. Es profitierte – wie zahlreiche Hersteller ebenfalls – von dem Zigarrenboom in den 1990er-Jahren, indem es den vielen Neurauchern das Wissen vermittelte, das sie beim Kauf des edlen Genussmittels brauchen konnten. Später folgten zwei weitere Bücher, die ebenfalls international vermarktet wurden: *The Essential Cigar*, ein Führer für Einsteiger in die Kunst des Rauchens, und *Anwer Bati's Zigarren-Brevier*, ein allgemeines Nachschlagewerk, in dem ich aus Platzgründen allerdings leider nicht ganz so viele einzelne Zigarrenmarken vorstellen konnte, wie es mir vorgeschwebt hatte. *Das große Buch der Zigarre* holt nun nicht nur dieses Versäumnis mit der bislang umfangreichsten Darstellung von Marken und Sorten nach, sondern es zeigt dank seines größeren Formats auch mehr originalgroße Abbildungen einzelner Zigarren als jede andere Veröffentlichung. Ich wünsche und hoffe, dass dieses Buch zur Freude seines Lesers an Zigarren beiträgt und dass es ihm all das nahe bringt, was er über seine Lieblingsmarken – wie auch über viele andere Aspekte dieses schier unerschöpflichen Themas – wissen möchte.

Anwer Bati

FLOR FINA
Dunhill
Selección Suprema Número 700
Y
CARBAJAL
PUNCH
PUNCH
50 CULEBRAS
HOYO DE MONTERREY
HOYO DE MONTERREY
HOYO DE MONTERREY
RAMON ALLONES
25 · DUNHILL SELECCION SUPREMA No. 69
25 · Dunhill's Selección Suprema No. 33
FLOR FINA
PARTAGAS Y Ca
HABANA
PUNCH
25
CHURCHILLS
50 VICTORIOSOS
MONTECRISTO
25 · Montecristo No. 2
LARRANAGA
10 · Dunhill's Selección Suprema No. 33
MARIA GUERRERO
HABANA

Inhalt

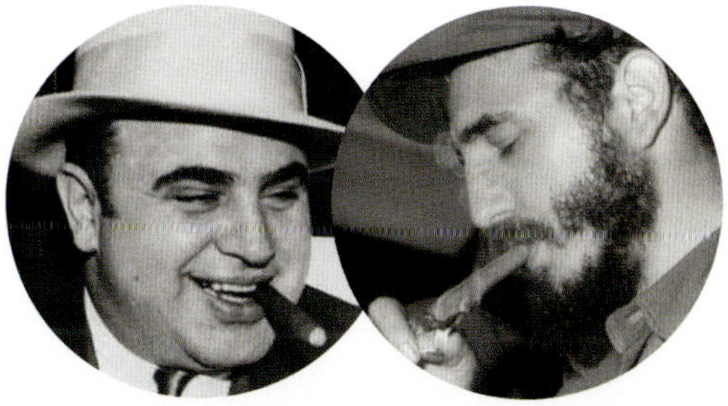

Geschichte der ZIGARRE

Gegenüberliegende Seite: Kleine Zigarren gelten bei den Frauen der Ami auf Taiwan als unweiblich.

Zigarren, wie wir sie heute kennen – fachmännisch hergestellt, sorgfältig gemischt und von feinem Aroma –, gibt es seit kaum 200 Jahren. Der Tabakanbau jedoch ist mindestens ein Jahrtausend alt, die Entwicklung der Zigarre war also ein langsamer Prozess – oft verknüpft mit dramatischen historischen Ereignissen, mit Kriegen, dem Aufstieg und Fall von Weltreichen und internationalen Handelsflüssen.

WIE UND WO die ersten Zigarren oder ihre Vorläufer produziert und geraucht wurden, lässt sich mangels gesicherter Belege nur vermuten. Hinsichtlich der Kultivierung von Tabak wissen wir aber genauer Bescheid. Die Historiker sind sich einig, dass in Zentralamerika erstmals gezielt Tabak angebaut wurde, wahrscheinlich von den Maya auf der Halbinsel Yucatán, die heute zu Mexiko gehört und bezeichnenderweise nur ein paar Hundert Kilometer von der Insel Kuba entfernt liegt.

Die Maya waren nicht nur für ihre gewaltigen Städte und mathematischen Kenntnisse berühmt, sondern auch für ihre Landwirtschaft. Sie lebten im Süden Mexikos, in Guatemala, Belize und Honduras. Eine guatemaltekische Tonscherbe aus dem 10. Jahrhundert – als sich die Maya-Kultur bereits in ihrem Niedergang befand – zeigt einen Mann, der offenbar ein mit Garn oder Zwirn geschnürtes Bündel Tabak raucht, möglicherweise eine Urform der Zigarre. Damals war die Maya-Zivilisation aber bereits über 2000 Jahre alt, und man weiß nicht, ob es sich um eine Modeerscheinung oder eine alte Sitte handelt.

Dass Tabak außer von den Maya auch von anderen Völkern Zentral- und Südamerikas geraucht wurde, ist belegt. So wissen wir, dass man in vorkolumbianischer Zeit zerstoßenen Tabak rauchte, der in Mais- und andere Pflanzenblätter gewickelt wurde, was eher an Zigaretten als an Zigarren erinnert. Die Azteken, deren Macht in Mexiko im 15. Jahrhundert ihren Höhepunkt erreichte, rauchten Tabak hauptsächlich in Pfeifen aus Schilfrohr. Mit dem Zusammenbruch des Maya-Reichs (um 900 n. Chr.) und den dadurch ausgelösten Migrationsbewegungen scheinen sich Anbau und Genuss von Tabak in weiten Teilen Amerikas verbreitet zu haben – und erreichten dabei sehr wahrscheinlich auch Kuba. Die Ureinwohner des Gebiets der heutigen USA etwa rauchten Tabak in langen Pfeifen. Thomas Hariot berichtet in seinem Buch *A Briefe and True Report of the New Found Land of Virginia* (1588), wie Ureinwohner der Gegend Tabakblätter trocknen und pulverisieren: »Sie genießen den Dampf oder Rauch davon, indem sie ihn durch tönerne Pfeifen in ihre Mägen und Köpfe saugen (...) Er ist unter ihnen so hoch geschätzt, dass sie glauben, die Götter seien ihnen wunderbar wohlgesonnen (...) Zu Zeiten entzünden sie heilige Feuer und werfen etwas von dem Pulver in die Flammen (...), um ihre Götter sanft zu stimmen.«

Tabak scheint also auf verschiedene Weise geraucht worden zu sein (daneben wurde er auch gekaut und als Aufguss zubereitet). Gonzalo Fernandez de Oviedo be-

Links: Die Kultur der amerikanischen Ureinwohner stand noch lange nach der Eroberung der Neuen Welt für Zigarren-Designs Pate. Diese bemalte Holzfigur »bewachte« im 19. Jahrhundert einen Zigarrenladen in Connecticut.

Gegenüberliegende Seite: Maya-Gefäß mit Raucher, 750 n. Chr.

richtet 1535 in seiner *Naturgeschichte der Westindischen Inseln*: »Die Indianer benützten ein Y-förmiges Rohr, dessen zwei gegabelte Enden sie in ihre Nasenlöcher steckten und das Rohr in die brennenden Gräser hielten.« Sehr wahrscheinlich wurde zu medizinischen, rituellen und religiösen Zwecken – zur Kommunikation mit den Göttern, wie manche meinen – ebenso geraucht wie zum Genuss.

Europa entdeckt den Tabak

Obwohl Tabak in Amerika schon vor über 1000 Jahren – und möglicherweise viel früher – auf verschiedenste Arten geraucht wurde, war die Pflanze auf allen anderen Kontinenten unbekannt, bis Christoph Kolumbus beim Versuch, einen neuen Seeweg nach Indien und China zu finden, die Neue Welt entdeckte.

Kolumbus leitete zwar die Expedition, aber wer den Tabak letztlich »entdeckte«, ist unklar. Als plausibelste Kandidaten gelten Rodrigo de Jerez und Luis de Torres. Kolumbus landete am 28. Oktober 1492 auf Kuba. Im November sandte er zwei Männer – de Jerez und de Torres – auf Erkundung ins Inselinnere. Bei ihrer Rückkehr berichteten sie von ihren Begegnungen mit den örtlichen Taino-Indios. Die Taino, sagten sie, »trugen Fackeln in Händen und gewisse Kräuter, um den Rauch einzuatmen; getrocknete Kräuter, gefüllt in ein bestimmtes Blatt, ebenfalls getrocknet, (...) an einem Ende entzündet,

OBEN: *Der Genuese Christoph Kolumbus (der sich selbst nicht vom Rauchen anstecken ließ) besänftigt Ureinwohner Zentralamerikas mit Geschenken.*

während sie am anderen zogen oder saugten und den Rauch einatmeten, mit dem sie ihr Fleisch betäuben und der berauschend wirkt; und solcherart, sagen sie, leiden sie niemals Erschöpfung«. Diese rudimentären Zigarren bestanden aus gezwirbelten Tabakblättern, eingerollt in ein Mais-, Palm- oder Bananenblatt, und Rodrigo de Jerez war sehr wahrscheinlich der erste Europäer, der sie rauchte.

Die Taino kannten das Wort Tabak oder *tobaga*, doch wissen wir nicht, ob sie es auf das Blatt, den Rauch, den Vorgang oder die Methode des Rauchens bezogen. Für das Blatt kommen auch die Bezeichnungen *cojoba* oder *cohiba*, wie heute eine berühmte kubanische Marke heißt, in Frage. Wenn das stimmt, war mit »Tabak« vielleicht das Rauchen gemeint. Anderen Theorien zufolge ist *tobacco* eine fehlerhafte Ableitung vom Namen der Karibikinsel Tobago oder der mexikanischen Provinz Tabasco.

Ebenfalls unklar bleibt, wer den Tabak in die Alte Welt brachte, er war aber spätestens ein paar Jahrzehnte nach Kolumbus' Reise in Europa verfügbar. Mitte des 16. Jahrhunderts rauchten längst nicht mehr nur heimkehrende Seefahrer, die auf ihren Reisen in die Neue Welt damit angefangen hatten. Spanien und Portugal waren wohl die ersten europäischen Länder, in denen es sich verbreitete.

Die Sitte gelangte dann nach Frankreich, wahrscheinlich von Jean Nicot eingeführt, der 1560 französischer Botschafter in Portugal war, möglicherweise aber auch schon 1556 durch den Priester André Thevet. Nicots Name jedenfalls wurde unsterblich durch das Wort Nikotin und *Nicotiana tabacum*, den lateinischen Begriff für Tabak, den man in Frankreich auch »Botschafterkraut« nannte.

Wie Tee und Kaffee erfreute sich Tabak anfangs auch als Arznei großer Beliebtheit. Zu den gesundheitsfördernden Wirkungen, von denen Rodrigo de Jerez und viele andere berichteten, zählen die Vertreibung von Müdigkeit, Linderung von Schmerzen und Wundheilung, wozu er auch von den amerikanischen Indianern verwendet wurde. Man glaubte zudem, Tabak helfe gegen Hautinfektionen. Nicot verschrieb der französischen Königin Katharina von Medici Tabakpulver als Heilmittel für Migräne, wodurch er einen weiteren Beinamen erhielt: »Königinnenkraut«.

Rauchen wird populär

Anfang des 17. Jahrhunderts setzte sich das Rauchen allgemein durch. Europäische Kolonisten in Amerika waren bereits dazu übergegangen, Tabak zu kultivieren und als Handelsgut in ihre Heimatländer zu exportieren. Der großflächige Anbau begann in Santo Domingo (1531), Kuba (1580) und Brasilien (1600). Die erste Plantage in Virginia wurde 1612 angelegt; innerhalb von sieben Jahren wurde Tabak zum Hauptexportartikel der Kolonie. Maryland folgte 1631 als Tabakproduzent. Später griffen Tabakbauern in Nordamerika verstärkt auf afrikanische Sklavenarbeiter zurück und fügten so der Geschichte der Zigarre eines ihrer dunkelsten Kapitel hinzu.

Der zunehmende Tabakgenuss hatte sehr bald zwei Folgen, die Raucher bis heute plagen: Besteuerung und Forderungen nach einem Verbot – was beides Tee und Kaffee ebenso betraf. Der Glaube verbreitete sich, dass die Pflanze böse sei. 1586 ordnete daher der spanische König Philipp II. an, Züchter und Verkäufer von Tabak auszupeitschen und sie des Landes zu verweisen. Die Pflanze sollte »als gefährliches und schädliches Kraut öffentlich verbrannt werden«. Viele Jahre zuvor war Rodrigo de Jerez, wohl der erste europäische Zigarrenraucher, eingesperrt worden, nachdem man ihn beim Rauchen erwischt hatte – den aus seinem Mund dringenden Rauch wertete man als Beweis, dass er vom Teufel besessen sei. Als er Jahre später freikam, stellte er hocherfreut fest, dass viele seiner Landsleute ebenfalls Raucher geworden waren.

1624 erließ Papst Urban VIII. eine Bulle, die Rauchern allgemein und speziell den Bürgern von Sevilla mit der Exkommunikation drohte, wenn sie weiterhin in der Kirche rauchten: »Sie schämen sich nicht, während der Feier der hochheiligen Messe die geheiligten Gewänder mit den abstoßenden Pestilenzen, die der Tabak erzeugt, zu beschmutzen und die Tempel mit widerwärtigem Gestank zu verseuchen – sehr zum Entsetzen ihrer Mitbrüder, die dem rechten Pfad treu geblieben sind.« In Persien führte Schah Abbas I. die Todesstrafe für Tabakgenuss ein, und 1645 befahl der russische Zar, Raucher nach Sibirien zu verbannen; der von 1682 bis 1725 regierende Peter der Große war indes bereits ein begeisterter Raucher.

Vom Gebrauch als Medizin abgesehen, hing die Weise, in der Tabak konsumiert wurde, von Sitten und Moden des jeweiligen Landes ab. Oft wirkten der König und sein Hofstaat als Vorbild. In Großbritannien (wo noch vor Ende des 17. Jahrhunderts die ersten Tabakläden eröffneten), Frankreich und Holland wurde geschnupft und Pfeife geraucht. In Preußen gaben im frühen 18. Jahrhundert die Pfeifenraucher Friedrich I. und Friedrich Wilhelm I. die Mode vor. Nur in Portugal und Spanien wurde Tabak in einer Form geraucht, die an moderne Zigarren erinnert. Der Genuss blieb jedoch in Europa weitgehend den Reichen oder Besuchern der Neuen Welt vorbehalten.

Das Wort »Zigarre«

Der wahrscheinlichste Ursprung des Wortes Zigarre ist der Maya-Ausdruck *siqar*, der »rauchen« bedeutet und zu dem 1730 erstmals verzeichneten spanischen Wort *cigarro* führte. Das *Popol Vuh*, eine guatemaltekische Maya-Historie aus dem 16. Jahrhundert, die der Geistliche Francisco Jimenez im 18. Jahrhundert ins Spanische übersetzte, erwähnt auch die Wörter *ciq* und *jiq*. Eine zweifelhafte Theorie leitet Zigarre von *cigaral* her, dem spanischen Namen der Zikade, deren Form Zigarren ähneln sollten. Die Spanier selbst nannten Zigarren *puros*.

Schon zu Beginn des 17. Jahrhunderts hatte König Philipp III. dekretiert, dass in den spanischen Kolonien erzeugter Tabak nicht an Ausländer verkauft werden durfte. Um den Nachschub zu kontrollieren, bestand er später (1614) darauf, dass die gesamte Tabakproduktion der Kolonien nach Sevilla verschifft werden musste, das dadurch zum Weltzentrum des Tabakhandels wurde.

Ab 1676 stellte man dort Zigarren aus kubanischem Tabak her. 1717 wurde ein staatliches Monopol (*estanco*) ausgerufen, ins Jahr 1731 fällt die Gründung der königlichen Fabriken in Sevilla. Kolonisten auf Kuba bauten seit Ende des 16. Jahrhunderts Tabak an. Aber die steigende Nachfrage nach hochwertigem Tabak führte zu Konflikten zwischen Bauern (*vegueros*) und Großgrundbesitzern. Manche *vegueros* stiegen zu Pächtern auf, andere wanderten auf der Suche nach neuem Land in Gegenden wie Pinar del Rio und Oriente aus.

Die *vegueros* rebellierten gegen das spanische Monopol. In Kuba selbst wurden damals noch keine Zigarren hergestellt und der *estanco* verpflichtete die Bauern, Tabak ausschließlich an die Regierung zu verkaufen – nach Sevilla –, ohne den Preis beeinflussen zu können. Die Folge waren Aufstände in den Jahren 1717 und 1721. Eine weitere Rebellion schlugen die Kolonialherren 1723 brutal nieder.

Gegenüberliegende Seite: *Die Zigarrenherstellung verbreitete sich von der Karibik aus in andere spanische Kolonien. Dieses Ziegel-Namensschild ziert eine ehemalige Tabakmanufaktur auf Teneriffa.*

Im 18. Jahrhundert verbreitete sich das Zigarrenrauchen langsam von Spanien aus in andere Teile Europas, gegen Ende des Jahrhunderts gab es auch in Deutschland, Frankreich (Bretagne) und im heute belgischen Lüttich kleine Zigarrenmanufakturen.

Die nordamerikanischen Kolonisten rauchten Tabak ursprünglich wie die Ureinwohner in Pfeifen, wenn auch, anders als diese, in Tonpfeifen. Pierre Lorillard gründete 1760 in New York eine Manufaktur für Tabakprodukte, aber die erste Zigarre kam wahrscheinlich erst zwei Jahre später nach Nordamerika, als Colonel Israel Putnam, ein ehemaliger Offizier der britischen Armee, der an der Belagerung und Besetzung Havannas teilgenommen hatte, in die Kolonie Connecticut heimkehrte – wo man schon seit dem vorangegangenen Jahrhundert Tabak anbaute. Putnam brachte kubanischen Tabak und Zigarren mit nach Hause und bald entstanden in der Gegend von Hartford Zigarrenmanufakturen, die Tabak aus kubanischem Saatgut verarbeiteten. Heute gehören *Connecticut-Shade*-Deckblätter zu den besten außerhalb Kubas. Der amerikanische Unabhängigkeitskrieg in den 1770er-Jahren begann nicht zuletzt als Revolte gegen die Besteuerung von Tabak und Tee (man denke nur an die berühmte »Boston Tea Party« im Jahr 1773) und der Tabak trug insofern zur Finanzierung der Revolte bei, als er als Sicherheit für französische Anleihen diente.

In Frankreich und Großbritannien setzte sich das Zigarrenrauchen jedoch erst nach dem Krieg von 1808–1814 durch, als eine Koalition von spanischen, portugiesischen und britischen Truppen auf der Iberischen Halbinsel

1
2
3
4
5
7
8
9
10

Gegenüberliegende Seite: Idealisierte Darstellung einer »Tabak-Macherin« in einer deutschen Zeitschrift des 17. Jahrhunderts.

gegen Napoleons Armeen kämpfte. Britische und französische Soldaten brachten die Sitte, die sie in Spanien und Portugal angenommen hatten, mit nach Hause. In der Folge verdrängten Zigarren als neue Mode des Tabakkonsums in Großbritannien Pfeife und Schnupftabak (1823 importierten die Briten etwa 15.000 Zigarren). Mittlerweile wurden Zigarren auch in anderen Teilen Europas hergestellt, vor allem in Holland.

Kuba tritt auf den Plan

Mitte des 18. Jahrhunderts begannen kubanische Züchter mit der Produktion eigener Zigarren, doch nach wie vor blieb Sevilla das Weltzentrum. Auch die Kunst der Zigarrenherstellung machte derweil Fortschritte. Der Einsatz unterschiedlicher Blatttypen für einzelne Teile der Zigarre und die Einführung von Mischungen sorgten für eine Weiterentwicklung der Anbaumethoden. Außerdem wurden die Techniken der Trocknung, Fermentation und des Rollens langsam verfeinert, sodass die Anfang des 19. Jahrhunderts erhältlichen Zigarren den heutigen schon sehr nahe kamen.

Die Nachfrage in Europa wuchs in den ersten Jahren des 19. Jahrhunderts enorm. Damit stiegen aber auch die Ansprüche an die Qualität, und schließlich verdrängten kubanische Zigarren die in Spanien hergestellten Sevillas – aus zwei Gründen: Nicht nur waren kubanische Zigarren dank neuer Produktionstechniken besser gefertigt, auch vertrugen sie die Seereise von Kuba viel besser als unbearbeitete Tabakblätter. Damit begann der Niedergang der spanischen Zigarrenmanufakturen – die 1800 noch über 5000 Arbeiter beschäftigt hatten – und der rapide Aufstieg der Havanna-Produktion, noch beschleunigt durch ein Dekret König Ferdinands VII. von 1821, das die Zigarrenproduktion in Kuba (damals noch spanische Kolonie) durch eine Lockerung des Staatsmonopols begünstigte. Mit Aufhebung der Einschränkungen von Tabakproduktion und -verkauf erschloss sich Spanien nebenbei eine höchst willkommene Steuerquelle.

Ein dramatischer Boom der kubanischen Zigarrenindustrie war die Folge. Um 1850 gab es bereits 9500 Plantagen; in Havanna und anderen kubanischen Städten eröffneten hunderte von Manufakturen. Zeitweise stieg ihre Zahl auf fast 1300 – dann ging sie bis Anfang des 20. Jahrhunderts auf etwa 120 zurück. 1855 wurden knapp 360 Millionen Zigarren hergestellt (der historische Höchststand), 1840 waren es erst 140 Millionen.

Damit begann das moderne Zigarrenzeitalter, in dem die Marken eine wichtigere Rolle spielten: 1810 etablierten sich mit H. de Cabanas y Carbajal und Bernardino Rencurrel die ersten Havanna-Warenzeichen. Als älteste der großen Marken, die bis heute geraucht werden, ließ sich 1827 Partagas eintragen. Nun kam auch der Vermarktung eine größere Bedeutung zu – mit Innovationen, wie der in den 1840er-Jahren von H. Upmann eingeführten Zigarrenkiste aus Zedernholz und Etiketten, die zuerst die 1837 gegründete Marke Ramon Allones zierten. Auch die Bauchbinde, vom Holländer Gustavo Bock für die Marke El Aguila de Oro erfunden, zielte in diese Richtung.

1830 erreichte die erste größere Lieferung kubanischer Zigarren Großbritannien, über das Lager des berühmten, seit 1787 und bis heute im Tabakgeschäft tätigen Handels-

Rechts: Die Ausbreitung des Rauchens im Europa des 19. Jahrhunderts rief Kritiker auf den Plan. Diese Karikatur von Zigarren- und Pfeifenrauchern stammt aus einer englischen Zeitschrift.

AGE OF PUFFING . PUFF . PUFF . PUFF .

hauses Robert Lewis. Bis 1840 stieg dort der Havanna-Absatz auf 13 Millionen. Außerdem hatte 1820 die Produktion eigener britischer *segars* oder *seegars* begonnen. Das Parlament verabschiedete ein Gesetz zur Regulierung der Industrie und eine Einfuhrsteuer sorgte dafür, dass kubanische Zigarren ein Luxusartikel blieben. Steigende Preise in ganz Europa trugen dazu bei, die Havanna-Zigarre zum Statussymbol werden zu lassen. Heute ist die Bezeichnung »Havana« oder »Habano« von den Kubanern nur für Zigarren von Exportqualität reserviert.

»Stogie«

Auch in den USA begann der Siegeszug der Zigarre im frühen 19. Jahrhundert, als nicht nur kubanische Zigarren importiert wurden, sondern auch die einheimische Produktion ihren Anfang nahm – die erste US-Zigarrenmanufaktur stand 1810 in Connecticut, andere folgten in New York und Pennsylvania. Die Manufaktur in Conestoga, Pennsylvania, wo die berühmtesten einheimischen Zigarren entstanden, etablierte den Namen *stogie* (erstmals 1853 erwähnt). 1820 begann der Anbau der hoch geschätzten Connecticut-Deckblätter.

Obwohl der Mexikanisch-amerikanische Krieg dazu beitrug, die Zigarre in den USA zu popularisieren (General Zachary Taylor, Kommandeur der siegreichen US-Truppen und später zwölfter Präsident, war Zigarrenraucher), wurde sie erst um die Zeit des Bürgerkriegs (1861–1865) zum Allgemeingut. Havanna war bald die gängige Bezeichnung für die teuersten US-Zigarren. Diese *Clear Havannas* bestanden aus kubanischem Tabak und kosteten das Fünffache normaler einheimischer Zigarren (deren Um- und Deckblätter meist aus heimischem Anbau stammten, kombiniert mit einer gemischten Einlage aus US- und kubanischen Blättern).

Gegenüberliegende Seite: *Frühe Etiketten auf Zigarrenkisten zeichneten sich durch lebendige Farben und subtile Kontraste aus. Diese US-Marke entstand in der Zeit kurz nach dem amerikanischen Bürgerkrieg.*

Der Tradition der Tabakbesteuerung folgend, beschloss der US-Kongress 1863 ein Gesetz, das Hersteller verpflichtete, Zigarrenkisten mit Steuermarken zu versehen. In den 1870er-Jahren – die Zigarre war in den USA wie in Europa längst zum Statussymbol geworden – machte eine Steuersenkung sie noch beliebter und leichter erhältlich, was die einheimische Produktion ankurbelte. Heute sind die USA mit Abstand der größte Zigarrenmarkt der Welt.

Seit den Frühzeiten der US-Geschichte pflegten amerikanische Präsidenten eine Vorliebe für die Zigarre. Unter den berühmtesten Rauchern waren der vierte Präsident James Madison, der siebte Präsident Andrew Jackson und sein Vorgänger John Quincy Adams, der Zigarren wahrscheinlich während seiner Zeit als Diplomat in Berlin, Holland, Frankreich und England entdeckte. Bürgerkriegsgeneral Ulysses S. Grant (später 18. Präsident) ist auf Bildern oft mit einer Zigarre im Mund zu sehen. Auch Präsidenten der jüngeren Vergangenheit wie John F. Kennedy und Bill Clinton schätzten, wie man weiß, Zigarren.

Zigarren in der Literatur

Mitte des 19. Jahrhunderts waren Zigarren regelmäßig Gegenstand der europäischen und US-Literatur. So beschrieb etwa der Brite Charles Murray in seinem 1836 veröffentlichten Buch *Visit to Cuba* die aus England nach Havanna zurückgeschickten Zigar-

FLOR DE UNION
DESIGN OWNED BY LOUIS C. WAGNER & Co. 5561C.

Links: Mark Twain, einer der leidenschaftlichsten Raucher unter den Schriftstellern seiner Zeit. »Wenn man im Himmel nicht rauchen darf«, sagte er, »gehe ich nicht hin.«

Gegenüberliegende Seite: Londoner Raucherclub im 19. Jahrhundert.

ren schwärmerisch als »die köstlichsten Zigarren, die ein meditativer Philosoph erträumen könnte«.

Französische Autoren des 19. Jahrhunderts erwähnten Zigarren häufig in ihren Werken – etwa der Romancier Stendhal (*Rot und Schwarz*). Der große französische Dichter Victor Hugo nannte Tabak »die Pflanze, die Gedanken in Träume verwandelt«. Stéphane Mallarmé lernte Zigarren durch seinen Vater kennen – und schrieb über seine Liebe zu ihnen. Der Poet und Dramatiker Alfred de Musset wiederum war der Ansicht: »Jeder Zigarrenraucher ist ein Freund, denn ich weiß, was er fühlt.«

Zu den britischen Schriftstellern, die Zigarren priesen, gehörte der Historiker Thomas Carlyle (1795–1881), der sich für die Einführung des Zigarrenrauchens im Parlament stark machte, um hitzige Debatten zu beruhigen. Den Präzedenzfall hierfür lieferte der US-Kongress, wo das Rauchen zeitweise erlaubt war. Und der viktorianische Dichter, Kritiker und Politiker Edward Bulwer-Lytton (später zum Lord geadelt) schrieb 1845: »Eine gute Zigarre ist für einen Mann ein ebenso großer Trost wie Tränen für eine Frau.« Lord Byron verfasste sogar die Ode »Sublime Tobacco« (in *The Island*). Viele britische Romanautoren des viktorianischen Zeitalters waren überzeugte Zigarrenraucher und verewigten Zigarren in ihren Werken, so Dickens, Trollope und, vielleicht am wichtigsten, Thackeray. Er schrieb nicht nur von den Freuden des Zigarrenrauchens, sondern behauptete auch, das Rauchen helfe ihm beim Schreiben. In *Jahrmarkt der Eitelkeiten*, seinem großen Zeitroman, gibt es vielerlei Anspielungen auf Zigarren, darunter eine Szene, in der seine unternehmungslustige Heldin Becky Sharp raucht.

Auch zahlreiche deutschsprachige Dichter des 19. Jahrhunderts folgten dem damaligen Trend und rauchten mit großer Vorliebe Zigarren, die der Romanschrifsteller Wilhelm Raabe, der Autor von Romanen wie *Pfisters Mühle* und *Der Stopfkuchen*, gar emphatisch zur »Trösterin des neunzehnten Jahrhunderts« erhob.

Der vielleicht versessenste Zigarrenliebhaber der gesamten US-Literatur war Mark Twain. Er schrieb in seiner Autobiografie über Zigarren, ließ sogar eine Marke nach sich benennen – und er war frühreif: Seine erste Zigarre rauchte er mit acht. Beim Schreiben verbrauchte er üblicherweise 15 bis 20 billige Zigarren am Tag. 1871, kurz nach seiner Heirat, zog er nach Hartford, Connecticut, einem Zentrum der Zigarrenherstellung.

Ein Stück Lebenskunst

Zigarren wurden so beliebt, dass man bald in Häusern und Hotels Rauchzimmer einrichtete, Eisenbahnzüge mit Raucherwaggons ausstattete und »Zigarren-Kabinette« gründete. *Simpson's-in-the-Strand*, Londons erstes derartiges Etablissement, öffnete 1832 und existiert noch heute, allerdings als Restaurant.

Das Rauchen prägte selbst die Mode: Um die Kleidung vor dem durchdringenden Geruch von Zigarrenrauch zu schützen, erfand man das Smoking-Jackett. Bis heute nennt man im Deutschen einen Abendanzug mit seidenem Revers einen Smoking. In Großbritannien hatte es sich im späten 19. Jahrhundert eingebürgert, dass die Herren nach dem Abendessen ohne die Damen am Tisch verweilten und zu Portwein oder Brandy Zigarren rauchten. Dass viele prominente Persönlichkeiten leidenschaftliche Raucher waren, steigerte die Beliebtheit der Zigarre in ganz Europa enorm. So war der deutsche Reichskanzler (1871–1890) Otto von Bismarck ein großer Zigarrenliebhaber

und in Großbritannien trug König Edward VII. – nachdem seine Mutter, Königin Viktoria noch eine strenge Gegnerin dieser Sitte gewesen war – zur allgemeinen Zigarrenbegeisterung bei. Am Beginn seiner Regentschaft 1901 tat er nach einem offiziellen Dinner den berühmten Ausspruch: »Gentlemen, Sie dürfen rauchen.«

In den USA erreichte der Zigarrenverkauf 1907 seinen Höhepunkt. Als sich die wesentlich billigeren Zigaretten als gängige Tabakwaren durchsetzten, ging der Absatz langsam zurück. Die »Papierzigarre« tauchte zuerst in Sevilla auf, wo die Armen weggeworfene Tabakreste aus den Manufakturen aufsammelten und in Papier rollten. Im frühen 19. Jahrhundert hatte sich das Zigarettenrauchen in Spanien, Frankreich und Italien weit verbreitet – bis 1850 auch in Griechenland, der Türkei und in Russland. Inzwischen gab es eigene Zigarettenmanufakturen. In Bizets 1875 uraufgeführten Oper *Carmen* (nach Prosper Mérimées Novelle von 1845) etwa arbeitet die Titelheldin in einer Zigarettenfabrik. In Großbritannien und Frankreich führten die aus dem Krimkrieg (1853–1856) heimkehrenden Soldaten das Zigarettenrauchen ein, das auch nach Deutschland hinüberschwappte. Für einen spürbaren Rückgang des Zigarrenrauchens sowohl in Europa als auch in den USA sorgten jedoch erst die Entwicklung von Zigaretten-Drehmaschinen nach 1880 und aggressive Vermarktungsmethoden im frühen 20. Jahrhundert.

Durch die weite Verbreitung der Zigarette wurde die Zigarre noch mehr als bis dahin zu einem Symbol für Wohlstand. Der amerikanische Dichter F. P. Adams schimpfte in den 20er-Jahren in *The Rich Man*:

Der Protz in seiner Motorkarre,
mit Anwesen in Stadt und Land,
raucht eine 50-Cent-Zigarre,
und lacht über des Schicksals Hand.

GEGENÜBERLIEGENDE SEITE: *Chaplins ironische Darstellung eines zigarrerauchenden Bettlers, der das Gehabe reicher Männer imitiert.*

FOLGENDE SEITEN: *Edward G. Robinson (links) spielte in vielen Filmen den Gangsterboss mit Zigarre. Für Groucho Marx (rechts) war die Zigarre Untensil absurder Komik.*

Um die gleiche Zeit soll Woodrow Wilsons Vizepräsident Thomas Marshall geäußert haben: »Was dieses Land wirklich braucht, ist eine gute Fünf-Cent-Zigarre.« Dieses Anliegen blieb unerfüllt, bis über 30 Jahre später Drehmaschinen die Herstellung wirklich stark verbilligten.

AUF DER LEINWAND

SEIT STUMMFILMZEITEN sind Zigarren immer wieder auch in Filmen zu sehen, in den 20ern, 30ern und 40ern schon deshalb, weil sie besonders in den USA viel geraucht wurden. Sie dienten jedoch auch symbolischen Zwecken – ebenso wie in Cartoons und Karikaturen – und tun dies bis heute.

In Hollywoodfilmen standen Zigarren meist für Reichtum oder, wie in Charlie Chaplins Filmen *Lichter der Großstadt* und *Goldrausch* – in dem der arme Landstreicher die weggeworfenen Zigarrenkippen reicher Männer raucht –, für Armut bzw. die Erinnerung an einstigen Wohlstand. Für Komiker wie Harold Lloyd, Laurel und Hardy, W. C. Fields und Groucho Marx waren Zigarren ideale Requisiten für visuelle Gags. In Hollywood-Gangsterfilmen der Zwischenkriegsjahre symbolisierten dicke Zigarren Macht (oft und gerne verkörpert von Edward G. Robinson, der auch privat leidenschaftlicher Zigarrenraucher war) und spiegelten die tatsächliche Popularität der Zigarre bei Mafiabossen wie Al Capone. In Western

You
Know
Me?
CHARLIE
CHAPLIN

waren sie ein häufiges Kennzeichen für Schurken – zum Beispiel den skrupellosen Chef einer Eisenbahngesellschaft und den Pokerbetrüger. Kleine und dünne Zigarren andererseits suggerierten Härte oder Verschlagenheit.

Die kubanische Tradition

In Kuba wiederum wurde die Zigarre zum nationalen Symbol; zum einen deshalb, weil Zigarrenmacher im Laufe des 19. Jahrhunderts zu Schlüsselfiguren der kubanischen Industrie-Arbeiterklasse aufstiegen. Aber auch die Anbauer waren für die Wirtschaft entscheidend – Tabak war nach Zucker zweitwichtigster Exportartikel der Insel. 1864 führten die Arbeiter in den Zigarrenmanufakturen die bis heute übliche Sitte ein, dass Roller ihren Kollegen zur Unterhaltung und Bildung aus politischen und literarischen Texten vorlasen, damals etwa aus Émile Zola, Victor Hugo und Alexandre Dumas. Eines dessen Bücher, *Der Graf von Monte-Cristo*, gab später einer der größten Havanna-Marken ihren Namen. Heute werden neben Büchern (vorzugsweise regierungstreue) Zeitungen vorgelesen und bisweilen läuft das Radio.

Während des 19. Jahrhunderts lieferten sich die Kubaner regelmäßig Konflikte mit Spanien. Die Weigerung der Kolonialherren, mehr Autonomie zu gewähren, führte – bei gleichzeitiger Erhöhung der Steuern – zum ersten Unabhängigkeitskrieg (1868–1878), dem 1895 ein weiterer Krieg folgte. Städte und Plantagen wurden niedergebrannt, die Zahl der zivilen Opfer war hoch. Dank ihrer führenden Beteiligung in den Auseinandersetzungen übernahmen die Tabakarbeiter in Kuba eine wichtige Rolle im nationalen politischen Leben. 1898 kam die Zigarrenproduktion fast vollständig zum Erliegen; viele Zigarrenarbeiter waren nach Florida ausgewandert, um den Kämpfen und den wirtschaftlichen Wirren zu entkommen. Auch in der Dominikanischen Republik, in Honduras, Jamaika (wo 1876 die Temple Hall Estates gegründet wurden), Mexiko und Venezuela fanden Roller und Anbauer eine neue Heimat.

Die US-Zigarrenindustrie profitierte von den Emigranten, die in Städten wie Tampa und Key West Zigarrenmanufakturen gründeten. Die Zahl der Einwanderer war so hoch, dass zu Beginn des 20. Jahrhunderts 12.000 von den 18.000 Arbeitern in Key West Kubaner waren, die meisten davon in der Zigarrenindustrie.

So wie heute Einwohner von Florida mit kubanischen Wurzeln die unversöhnlichsten Feinde des sozialistischen Regimes sind, unterstützten die kubanischen Emigranten des 19. Jahrhunderts den entscheidenden Aufstand gegen Spanien, den der Nationalheld José Martí 1895 anführte. Es war eine Geste von besonderer symbolischer Bedeutung, dass Martís Befehl zur Auslösung der Revolte in einer Zigarre versteckt von Key West nach Kuba gelangte.

Im frühen 20. Jahrhundert geriet Kuba in den Machtbereich der USA, und die Wirtschaft erholte sich. Zeitweise importierte der Tobacco-Trust 291 Zigarrenmarken in die USA, was für Kuba eine Ausfuhr von etwa 250 Millionen Stück pro Jahr bedeutete. Der Trust, den der berüchtigte Tabakmagnat »Buck« Duke begründet hatte, kontrollierte im Jahr 1902 90 Prozent der Exporte von Havanna-Zigarren. Zuvor war die auswärtige Beteiligung an der kubanischen Zigarrenindustrie Spaniern und, in geringerem Maße, Briten und Deutschen vorbehalten gewesen. Da die Zigarren unabhängiger Hersteller, die *independientes*, jedoch besser waren als die von Firmen, die zum Trust gehörten, fiel dessen Anteil am Export bis 1905 auf 52 Prozent. Auch die Arbeitsmoral in den Manufakturen des Trusts war miserabel; darum verlegte er 1932 die Produktion seiner größten Marken (etwa La Corona und Henry Clay) nach Trenton, New Jersey.

RECHTS: Tabakmagnat James »Buck« Duke, berüchtigt für seine Versuche, die Industrie zu modernisieren und rationalisieren.

Innovationen wie die in den 1920er-Jahren erstmals erprobte maschinelle Zigarrenfertigung, auf die in Kuba besonders Por Larrañaga setzte, stießen bei den Arbeitern auf einhellige Ablehnung. Versuche in diese Richtung wurden erst in den späten 40ern wieder aufgenommen. In dieser turbulenten Zeit machte in Kuba der Anbau große Fortschritte. 1907 wurde die neue, krankheitsresistente Sorte *habanensis* gezüchtet, 1941 folgte die Sorte *criollo* – auf der heute sämtliche Havanna-Zigarren basieren.

In den USA setzte man nun ebenfalls auf maschinelle Herstellung. Der Anteil maschinengefertigter Zigarren an der US-Gesamtproduktion stieg von zehn Prozent 1924 auf 98 Prozent in den 50er-Jahren.

Auch nach Fidel Castros Revolution gegen den Diktator General Batista 1959 blieben die Zigarrenarbeiter im politischen Leben tonangebend. Wie schon bei José Martí wurde die Zigarre zum Symbol der Castro-Revolution. »El Commandante« pflegte eine leidenschaftliche Beziehung zur Zigarre: Während er im Gefängnis saß, schickte man ihm in Zigarren versteckte Botschaften. Seit über zehn Jahren ist er aber Nichtraucher – um seinen kubanischen Mitbürgern ein gesundheitliches Vorbild zu geben.

Eine Revolution fand auch in den kubanischen Zigarrenmanufakturen statt – als in den frühen 60er-Jahren die ersten weiblichen Roller eingestellt wurden. Bis dahin hatten dort einzig und allein Männer gearbeitet; Frauen kamen lediglich beim Sortieren und Entrippen der Blätter zum Einsatz. Dass sie das bisweilen auf den Beinen taten, begründete die berühmte Legende, Zigarren würden auf den Hüften kubanischer Mädchen gerollt.

Die kubanische Revolution

NACHDEM ER an die Macht gekommen war, ging Castro – der zumindest anfangs nicht als Kommunist, sondern als Sozialist auftrat – an die Verstaatlichung kubanischer und ausländischer Vermögenswerte. Davon betroffen war auch die Zigarrenindustrie – vordem großteils in US-Besitz –, die nun von der staatlichen Monopolgesellschaft Cubatabaco kontrolliert wurde. Zigarren aus der Vorrevolutionszeit sind seither zu wertvollen Sammlerstücken geworden.

Die USA reagierten 1962 mit einem Embargo gegen Kuba – das noch heute, über 40 Jahre später, in Kraft ist. Kubanische Zigarren konnten nicht mehr legal in die USA importiert werden, ausgenommen kleine Mengen für den persönlichen Gebrauch. Für die kubanische Zigarrenindustrie war das ein schwerer Schlag, obwohl die Zahl der in die USA exportierten Havannas schon ein paar Jahre vor der Revolution auf 44 Millionen zurückgegangen war.

Um sich der Verstaatlichung und dem kommunistischen System zu entziehen, verließen einige von Kubas führenden Zigarrenfabrikanten, etwa die Familien Cifuentes, Menendez und Palicio, die Insel, um ihre Geschäfte nach Florida, Honduras, Mexiko, auf die Kanarischen Inseln und in die Dominikanische Republik zu verlagern. Meist blieb ihnen der Erfolg hold und nicht selten verwendeten sie weiterhin die Namen ihrer Havanna-Marken aus der Zeit vor Castro. Daher kommen heute Zigarren der Marken Partagas, Romeo y Julieta und H. Upmann aus der Dominikanischen Republik sowie Punch und Hoyo de Monterrey aus Honduras – oft mit Bauchbinden und Etiketten, die den kubanischen Originalen bis aufs Haar gleichen. Trotz ihrer hohen Qualität haben diese Marken in Sachen Geschmack und Aroma jedoch keine Ähnlichkeit mit den gleichnamigen und fast identisch verpackten Gegenstücken aus Kuba.

Die ehemaligen kubanischen Fabrikbesitzer und ihre Erben führten auch äußerst hochwertige neue Marken ein, häufig in Zusammenarbeit mit großen US-Zigarrenfirmen – sodass heute die Dominikanische Republik viele der weltbesten (teils sogar mit Kuba konkurrenzfähigen) und über die Hälfte der in die USA importierten Zigarren liefert. Honduras ist, vor allem in den USA, ebenfalls zum Schwergewicht der Zigarrenwelt geworden. Nichtkubanische Zigarren spielen aber auch anderswo eine wichtige Rolle, etwa auf dem deutschen Markt.

RECHTS: Musik, Zigarren, Revolutionäre und Rum bestimmen die (etwas simple) Vorstellung vieler Menschen von Kuba.

Viele Zigarrenraucher glaubten zu bemerken, dass sich die Qualität kubanischer Zigarren unmittelbar nach der Revolution verschlechtert habe – was man in Kuba verständlicherweise bestritt. Doch traf die Kritik teilweise zu: Schließlich waren einige der besten Zigarrenproduzenten ausgewandert und ökonomische Faktoren wie das US-Embargo erzwangen die Senkung der Herstellungskosten. Als Antwort auf die Kritik kreierte man 1968 die Marke Cohiba – mit dem Anspruch, die beste der Welt zu sein.

Für die Allgemeinheit freilich waren Zigarren immer eine Art kapitalistisches Symbol, das man mit den Reichen und Mächtigen verband. Kubanischen Kommunisten war es natürlich peinlich, dass ihr wertvollstes Exportgut solche Assoziationen hervorrief. Kurz nach der Revolution waren einige hohe Chargen zeitweise sogar entschlossen, alle Marken abzuschaffen und eine »Volkszigarre« einzuführen. Glücklicherweise sorgten finanzielle Zwänge – die Notwendigkeit Devisen zu beschaffen – dafür, dass man von diesem Ansinnen Abstand nahm.

Zur Zeit der Revolution gab es etwa 1000 verschiedene Havanna-Zigarren (Marken und Formate), und die Kubaner erkannten, dass die Zigarrenindustrie verschlankt und rationalisiert werden musste. So wurden 1979 die Größen vereinheitlicht und die Zahl der hergestellten Marken reduziert, wodurch Kuriositäten wie die berühmte Larrañaga *magnum* verschwanden. Weitere Reformschritte sorgten 1993 dafür, dass alle kubanischen Zigarren-

fabriken mehr als eine Marke produzieren. Manche sind auf bestimmte Formate spezialisiert, andere auf spezifische Mischungen und Geschmacksrichtungen. Kritiker bemängeln, die Veränderungen hätten das Niveau gesenkt, aber seit den frühen 90er-Jahren hat man in Kuba eingesehen, dass Qualität der entscheidende Vorteil einheimischer Zigarren gegenüber Konkurrenten aus der Dominikanischen Republik und Honduras ist. So wurden Ende der 90er einige neue Marken etabliert, etwa Vegas Robaina, San Cristobal und Cuaba, und die Anbauflächen für Tabak erweitert, um den rasch wachsenden Bedarf an handgemachten Zigarren decken zu können. Ende der 90er-Jahre exportierte Kuba rund 120 Millionen handgemachte Zigarren pro Jahr, kurz nach der Revolution waren es nur 30 Millionen gewesen. Einen Rückschlag gab es 1990, als die legendäre Marke Davidoff ihre Produktion nach Streitigkeiten mit der kubanischen Regierung in die Dominikanische Republik verlegte. Zur Zeit der Entstehung dieses Buches sind (maschinelle Herstellung eingeschlossen) 33 Havanna-Marken auf dem Markt.

Oben und gegenüberliegende Seite: Deutschland und die Schweiz haben (ebenso wie die Niederlande) seit langem eigene Zigarrenindustrien, die importierten Tabak verarbeiten, meist aus Java und Sumatra.

PATRON
MARQUE DÉPOSÉE

OBEN: *Der »Macanudo Fumoir« im Londoner Claridge's-Hotel, eine noble Zigarrenbar.*

In den letzten Jahren kam es immer wieder zu juristischen Auseinandersetzungen zwischen Kuba und Produzenten im Ausland, die dieselben Markennamen verwenden – ein Problem, das auch so weltbekannte Warenzeichen wie Cohiba und Montecristo betrifft.

Der Boom der Zigarre

Grund für die Rechtsstreitigkeiten war nicht zuletzt der Zigarrenboom der 90er-Jahre. Der enorme Aufschwung, der ab 1993 erkennbar wurde, ist zum Teil auf den Start des Magazins *Cigar Aficionado* im September 1992 und Bücher wie meinen Bestseller *The Cigar Companion* (1993, deutsch: *Zigarren*, 1994) zurückzuführen – der sich als Hardcover weltweit 400.000-mal verkaufte. Publikationen wie diese weckten das Interesse an handgemachten Zigarren. Daneben gab es aber auch andere Gründe. Möglicherweise stiegen viele ehemalige Zigarettenraucher auf Zigarren um, weil sie bei weitem nicht so schädlich sind. Wichtiger war jedoch mit Sicherheit, dass die Wirtschaft in Staaten wie den USA, Frankreich, Großbritannien und Deutschland Mitte der 90er wuchs oder sich zumindest von der Rezession erholte – wodurch mehr Geld für Luxusartikel wie Zigarren zur Verfügung stand. Besonders auf dem Finanzsektor, im Immobiliengeschäft und bei Rechtsanwälten explodierten infolge des Booms in einigen dieser Länder die Einkommen. Das Geld konnte nun ohne Hemmungen und soziale Rücksichtnahme für Statussymbole ausgegeben werden. Dies gilt jedenfalls für die USA (und für Länder wie Großbritannien, deren Wirtschaft eng mit der amerikanischen verzahnt ist). Die Zahlen sprechen für sich: Der Dow-Jones-Index stieg von 780 Punkten im August 1982 auf über 11.000 Anfang 2000 (bis 2003 ging er wieder auf 8000 zurück). Diese Faktoren und intensive Werbemaßnahmen trieben die Verkäufe hochwertiger Zigarren in schwindelnde Höhen: Allein 1994 kamen in den USA über 100.000 neue Zigarrenraucher auf den Geschmack. Die US-Importe stiegen von 107 Millionen (1993) über 297 Millionen (1996) auf sagenhafte 500 Millionen im Jahr 1997. Dass Qualitätszigarren regelrecht in Mode kamen, belegt die Tatsache, dass während der 90er das Durchschnittsalter der Zigarrenraucher deutlich sank – 1993/94 war die am schnellsten wachsende Altersgruppe unter den Rauchern in den USA die der 26- bis 38-Jährigen. Die Verkäufe gingen auch in Europa und den wohlhabenderen Staaten Südostasiens nach oben – etwa 1997 in Großbritannien um 16 Prozent.

Diese Zigarrenmode hatte eine Reihe von Nebenwirkungen, wie die steigende Beliebtheit von Zigarrendinners, Zigarrenauktionen und auf Zigarrenraucher besser eingestellte Restaurants und Bars. Auch Hotels schlossen sich dem Trend an: 2002 eröffnete des Londoner Claridge's sein »Macanudo Fumoir« und heute haben viele führende Hotels der Welt auf Top-Zigarren spezialisierte Bars, die dank verbesserter Schulung des Personals nun auch sachgemäß gelagert werden. Dem Vorbild von *Cigar Aficionado* folgten weitere Magazine in aller Welt, und während es einst nur eine Hand voll gab, sind mittlerweile stapelweise neue Bücher erschienen. Auch Tageszeitungen und normale Magazine bringen regelmäßig Artikel über Zigarren, Fernsehfilme berichten über den Boom. Das Internet blieb nicht außen vor: In den späten 90ern erblühten dutzende von Zigarren-Websites und Online-Zigarrenmagazinen. Selbst das Rennpferd, das die US-Rennsaisons 1995 und 1996 dominierte, war ein Füllen mit dem Namen *Cigar*. Eine weniger erfreuliche Folge des Trends ist die enorme Zunahme an Fälschungen von Havannas (auch von guten Marken aus der Dominikanischen Republik), die überall auf der Welt auftauchen.

Frauen und Zigarren

Ein weiterer, sehr publikumswirksamer Nebeneffekt des Zigarrenchics ist, dass zahlreiche Frauen begonnen haben, Premium-Zigarren zu rauchen. Supermodels und Filmstars wie Claudia Schiffer, Linda Evangelista, Sharon Stone, Whoopi Goldberg, Drew Barrymore und Demi Moore führten den Trend an – viele von ihnen zierten die Titelseiten von Magazinen wie dem *Cigar Aficionado* und *Smoke*.

Seit die ersten modernen Zigarren hergestellt wurden, haben Frauen in Kuba, Süd- und Zentralamerika sowie in Spanien Zigarren geraucht, allerdings nie so viel wie Männer. Doch auch in anderen Ländern gab es seit dem 19. Jahrhundert Raucherinnen. Berlin besaß in den 1930er-Jahren sogar eine Reihe von Zigarrenclubs nur für Frauen. Aber bis vor kurzem sah man das Zigarrenrauchen europäischer Frauen (wie George Sand, Colette, Marlene Dietrich und Virginia Woolf) entweder als sexuelles Statement oder als Kampfansage an das männliche Establishment an. Das Zigarrenrauchen galt weithin als klassische Männersache, die für Frauen regelrecht unangenehm ist. So riet C. B. Hartley in *The Gentleman's Book of Etiquette* (1873): »Rauchen Sie vor Einbruch der Dunkelheit nicht auf der Straße und nehmen Sie die Zigarre aus dem Mund, wenn Sie einer Dame begegnen.«

Warum also haben in den letzten Jahren so viele Frauen angefangen, Zigarre zu rauchen? Möglicherweise folgen viele von ihnen einfach dem Zeitgeist und betrachten Zigarren lediglich als modisches Accessoire. Vielleicht aber tun sie es aus dem gleichen Grund, aus dem auch Männer seit 150 Jahren Zigarre rauchen: um Macht, Wohlstand und soziales Prestige zu demonstrieren – auf den Punkt brachten dies die Plakate zu dem Film *Club der Teufelinnen* (1996), auf denen Goldie Hawn, Bette Midler und Diane Keaton zu sehen sind, wie sie mit dicken Zigarren den Sieg über ihre Ehemänner feiern.

Immerhin scheint der Trend nicht vorübergehender Natur zu sein und mit Sicherheit gibt es heute mehr Zigarrenraucherinnen – meist hoch bezahlte Geschäftsfrauen – als früher. In den USA schätzt man, dass 200.000 Zigarren jährlich an Frauen verkauft werden. Zigarrenclubs und -events nur für Frauen sind heute nichts Besonderes mehr. 1998 berichtete *Cigar Aficionado* über acht Frauen, die in den Zigarrenhandel eingestiegen waren – vordem eine

Oben: Wie elegant eine große Zigarre sein kann, zeigt diese junge Frau aus Havanna.

absolute Männerdomäne. Und 1999 wurde Jean Clark, die Managerin der Zigarrenabteilung im Londoner Nobel-Kaufhaus Harrods, von den Kubanern in die Top Five der Havanna-Händler weltweit nominiert.

Der Aufstieg der Non-Havannas

Der Zigarren-Boom nützte neben Kuba, der Dominikanischen Republik und Honduras auch anderen Herstellerländern. Dank hoher Investitionen entwickelte sich Costa Rica zu einer guten Quelle für Tabakblätter und Ecuador begann hochwertigen Deckblatttabak zu produzieren. Länder wie Brasilien, Mexiko und Nicaragua besitzen ohnehin eine lange Tradition der Zigarrenherstellung, ihre Blätter werden nun aber auch von Produzenten anderswo nachgefragt: Mexikanischer Umblatttabak etwa wird heute von einer ganzen Reihe führender Top-Marken verwendet. Dunkle Deckblätter aus dem westafrikanischen Kamerun zählen zu den besten der Welt, und die indonesischen Inseln Java und Sumatra, die alte Verbindungen zur Zigarrenindustrie in Holland, der Schweiz und in Deutschland haben (in letzter Zeit für die Maschinenfertigung), gewinnen heute auch als Produzenten von Deckblatttabak für die Neue Welt an Bedeutung und stellen zudem selbst Zigarren her.

Um die Jahresmitte 1997 gab es Anzeichen für ein Abflauen des Zigarrenbooms und im Jahr 2000 lagerten in den USA geschätzte 100 Millionen unverkaufte handgemachte Zigarren. Einer der Gründe für die Übersättigung war das Auftreten der von der Industrie verächtlich »Don Nobodies« genannten Billigzigarren – zwar handgemacht, aber nicht richtig gereift –, die auf den Markt geworfen wurden, um den von Neurauchern erzeugten Bedarf zu decken. Ein anderer Grund ist, dass viele enthusiastische Raucher nach den Engpässen Mitte der 90er-Jahre (in denen große Formate besonders schwer erhältlich waren) riesige Vorräte anlegten, als die Produktion wieder erhöht wurde. Diese Vorräte aufzurauchen dauerte einige Zeit. Aufgrund des Überschusses fielen die Preise am unteren Ende des Handmade-Markts (zudem unterboten die »Don Nobodies« die Preise etablierter Marken).

Um die Jahrtausendwende änderten sich die Besitzverhältnisse bei einigen der größten Zigarrenproduzenten grundlegend. Altadis SA, entstanden aus dem Zusammenschluss der ehemaligen Monopolgesellschaften von Spanien und Frankreich, Tabacalera und SEITA, wurde 1999 zum größten Zigarrenkonzern der Welt – auch weil SEITA im selben Jahr Consolidated Cigar (die größte US-Zigarrenfirma) übernommen hatte. Überraschend sicherte sich der Konzern, der jetzt etwa 25 Prozent der weltweiten Zigarrenverkäufe kontrolliert, auch noch 50 Prozent des staatlichen kubanischen Exportmonopols Habanos SA. Habanos, 1994 gegründet, ist, technisch gesehen, Inhaber aller kubanischen Marken außerhalb der USA und Miteigentümer der »Casa del Habano«-Läden in aller Welt.

Nach der Durststrecke Ende der 90er wuchs der Zigarrenmarkt 2002 und 2003 wieder – etwa im Gleichschritt mit dem allgemeinen Wirtschaftswachstum. Zur Zeit der Entstehung dieses Buches liegen die jährlichen Verkäufe handgemachter Zigarren in den USA zwischen 250 und 300 Millionen. Eines aber hat sich grundlegend geändert: Der Konsument ist heute so gut informiert und erfahren wie noch nie. Das führte zur Einführung neuer Formate berühmter Marken (Ende 2003 stellten die Kubaner drei neue Größen der einst raren Trinidad vor) und spezieller, eindeutig für Kenner gemachter Tabakwaren – etwa *Vintage*-Zigarren und »limitierte Ausgaben« verschiedener Havanna-Marken wie Cohiba und Montecristo. So werden heute weniger Zigarren verkauft als zu Hochzeiten des Booms – aber an Leute, die sie besser zu schätzen wissen.

Herstellung von ZIGARREN

Gegenüberliegende Seite: In Kuba helfen auch die Kleinsten tatkräftig bei der Tabakernte mit.

Gute Zigarren herzustellen ist eine Kunst, die dem Weinkeltern ähnelt: Qualität der Pflanzen, klimatische Bedingungen, Beschaffenheit des Bodens, Feingefühl bei Mischung, Reife, Fertigung und vor allem die richtige Lagerung sind entscheidend für die Güte des Produkts.

WIE WEIN sind Zigarren ein Naturprodukt, das sich durch Lagerung verändert: Je nachdem, wie sie behandelt und aufbewahrt werden, können sie durch die Reifung gewinnen oder an Wert verlieren. Im Gegensatz zum Wein aber werden die besten Zigarrenmarken weltweit fast gänzlich in Handarbeit hergestellt.

Der Weg vom Tabaksamen zur feinen Zigarre ist ein erstaunlich aufwändiger Prozess. In dutzenden von Einzelschritten sind peinliche Sorgfalt und strenge Überwachung nötig, um höchste Qualität zu erreichen. Ob eine Zigarre gut oder minderwertig ist, hängt vor allem von Sorte und Kultur der Tabakpflanzen und ihrer sorgsamen Reifung ab. Auch die Kunstfertigkeit des Rollers ist von Bedeutung. Praktisch jede einzelne arbeitsintensive Stufe des Tabakanbaus und der Zigarrenherstellung entscheidet über die Qualität und letztlich den Preis einer hochwertigen – das heißt kostbaren und handgemachten – Zigarre.

Handgerollte Zigarren bestehen aus drei Teilen: Einlage, Umblatt und Deckblatt. Alle drei spielen eine wichtige Rolle für Aroma und Geschmack der Zigarre. Feine Unterschiede in Anbau und Reifung ergeben spezielle Blätter für die unterschiedlichen Teile der Zigarre, und sie müssen mit Sorgfalt ausgewählt werden, um ihren Zweck im Endprodukt zu erfüllen.

Um Tabakblätter von Unreinheiten zu befreien, sie haltbar und biegsam genug zum Rollen zu machen, müssen sie zunächst getrocknet werden. Zusätzliche Verfeinerung durch Fermentation und Reifung entwickeln den Geschmack der Blätter, bevor sie schließlich gerollt werden (Näheres siehe S. 53).

Im Folgenden wird erklärt, wie die besten Havanna-Zigarren hergestellt werden. Die Fachausdrücke beziehen sich, falls nicht anders erwähnt, speziell auf kubanische Zigarren. Doch weltweit verfahren die großen Zigarrenhersteller im Wesentlichen nach den gleichen Methoden.

Anbau und Ernte

TABAKSAMEN MÜSSEN in wasserdurchlässige, ebenen Böden gepflanzt werden, um eine Auswaschung der Saat zu vermeiden. Eine dünne Decke aus Stroh oder Stoff schützt die Aussaat vor Sonne und Wind. Sie wird entfernt, sobald die Keimung einsetzt. Die Pflanzung muss in sehr lockerem Erdreich erfolgen – nicht Traktoren, sondern Tiere ziehen die Pflüge, um das Erdreich nicht zu verdichten. Vorsichtig wird das Saatgut bewässert und Pestizide verhindern den Parasitenbefall. Heute verwendet man zur Anzucht manchmal auch Styroporbehälter und schützt die Saat mit Plastiktunnels.

Der beste Havanna-Zigarrentabak wächst in der roten Erde der Region Pinar del Rio in Kuba, wo die Anbauperiode die Trockenzeit (*la seca*) von November bis Februar umfasst. Starke Niederschläge in der Regenzeit zuvor (von Mitte Mai bis Anfang Oktober) sorgen dafür, dass das Erdreich gut durchfeuchtet ist. Während *la seca* sind die Bedingungen für den Tabakanbau ideal: acht Stunden Sonnenschein täglich, Höchsttemperaturen um 27 Grad Celsius und eine durchschnittliche Luftfeuchte von 64 Prozent. Feuchtigkeit ist ein wesentlicher Faktor für die Produktion hochwertiger Blätter.

In den Feldern (*vegas*) setzt man die Pflanzen in Abständen von einem halben Meter, in Reihen mit etwa einem Meter Zwischenraum. Blütenknospen, die sich während des Wachstums entwickeln, müssen mit der Hand entfernt werden, um die Bildung großer Blätter anzuregen. Dadurch schießen Seitentriebe aus, die der Tabakbauer (*veguero*) ebenfalls entfernen muss. Unter besten Bedingungen kann eine Pflanze 16 bis 20 Blätter tragen.

Der Anbau von Deckblättern (der Sorte *corojo*) unterscheidet sich stark von dem der Blätter für andere Teile der Zigarre. Etwa zehn bis 20 Tage nach Verpflanzung der

Keimlinge errichten Bauern auf Stelzen über den Feldern einen Baldachin aus Musselintüchern, die von langen Holzstangen gehalten werden. Da das Deckblatt für das äußere Erscheinungsbild der Zigarre verantwortlich ist, müssen die Blätter makellos, dünn und elastisch sein, um das Rollen zu erleichtern. Die Abdeckung (*tapado*) sorgt dafür, dass die Blätter größer sowie weniger ölig und derb werden als bei direkter Sonneneinstrahlung. Eine *corojo*-Pflanze liefert Deckblätter für bis zu 32 Zigarren. Je nach Witterung dauert ihr Wachstum 90 Tage. Die besten Deckblattpflanzen wachsen auf Sand- oder Lehmsandboden mit hohem Gehalt an Feuchtigkeit.

Da das Deckblatt (*capa*) der wertvollste Bestandteil der Zigarre ist und ideale Wuchsbedingungen benötigt, kommen nur wenige Anbaugebiete für die *capa*-Blätter in Frage. Die besten stammen immer noch aus der Vuelta-Abajo-Region in Kuba. Gute nichtkubanische Deckblätter wachsen in Kamerun, Connecticut, Ecuador, Sumatra, Honduras, Mexiko, Nicaragua und Costa Rica. Trotz ihrer bedeutenden Zigarrenindustrie und Nähe zu Kuba sind die Bedingungen für den Anbau guten Deckblatttabaks in der Dominikanischen Republik viel weniger günstig; in den letzten zehn Jahren allerdings hat sich insbesondere die Familie Fuente erfolgreich um den Anbau hochwertiger *capa*-Pflanzen bemüht.

Die berühmten *Connecticut-Shade*-Deckblätter aus den USA wurden erstmals vor über 100 Jahren aus importiertem kubanischem Saatgut

RECHTS: Frisch geerntete Tabakblätter.

Der Tabakanbau

Ein Quadratmeter Boden trägt 90 bis 150 Pflanzen. Nach etwa 45 Tagen (in Kuba heißt das in der zweiten Oktoberhälfte) werden sie auf Tabakfelder verpflanzt.

18 bis 20 Tage nach der Auspflanzung wird Erde am Fuß der Setzlinge aufgehäuft, damit sie starke Wurzeln entwickeln können.

Deckblätter wachsen unter einem Dach aus Musselintüchern. Jede einzelne Pflanze wird mit Schnüren am Rahmen befestigt und sorgfältig bewässert.

gezogen. Sie wachsen in der Gegend von Hartford in drei Meter hohen Zelten aus Baumwollgaze, wie in Kuba vor der Sonne geschützt und unter ständiger Kontrolle von Temperatur und Luftfeuchtigkeit. Ihre Produktion ist wahrscheinlich der teuerste und arbeitsaufwändigste Zweig der US-Landwirtschaft: Aufzucht und Verarbeitung kosten um die 75.000 Dollar pro Hektar.

Sonnengereifte Blätter für Einlage und Umblatt (in Kuba *criollo* genannt) gedeihen am besten auf schlammigem Lehm- und Tonerdeboden und gelangen nach 45 bis 70 Tagen zur Reife. Entscheidend für Geschmack und Verwendung der Blätter ist ihre Position am Stamm, nach der sie in sechs Klassen eingeteilt werden (bei Deckblättern neun Klassen). Man unterscheidet auch nach Farbe und Struktur: *ligero* (leicht) von der Spitze der Pflanze, *volado* vom Stumpf, *seco* (trocken) vom Mittelstamm und *medio tiempo* (Mischstruktur). Für Deckblätter gibt es entsprechende Bezeichnungen: *viso* (glänzend), *seco*, *amarillo* (gelb), *medio tiempo* und *quebrado* (gebrochen).

OBEN: Tabakplantage in der Dominikanischen Republik; das Sonnenlicht verleiht den Blättern für Einlage und Umblatt eine große Palette unterschiedlicher Geschmacksnoten.

Es gilt die Regel: Je länger und stärker die Sonneneinstrahlung auf die Blätter einwirkt, desto öliger und zuckerhaltiger werden sie. Daher sind die Blätter an der Spitze der Tabakpflanze normalerweise am aromatischsten.

Ligero-Blätter sind folglich sehr reich im Geschmack und brennen langsam. *Seco*-Blätter haben ein mittleres Aroma, brennen ebenfalls langsam und werden als Einlage benutzt. Sie tragen am meisten zum Aroma einer Zigarre bei. Blätter der Sorte *volado* (wörtlich: »davongeflogen«) brennen gut und werden für Umblatt und mildere Einlagen verwendet. Deckblätter haben aufgrund der *tapado*-Methode ein weniger intensives Aroma. Sortiert wird außerdem auch nach Größe und Zustand – gebrochene und wuchsgeschädigte Blätter landen in Zigaretten oder in maschinell hergestellten und nicht für den Export bestimmten Zigarren. Wie arbeitsintensiv der Anbau von Spitzentabaken ist, lässt sich allein daran ersehen, dass kubanische *vegueros* mit jeder einzelnen Pflanze in nur vier Monaten 170-mal in Berührung kommen.

Die Ernte beginnt frühestens 40 Tage nach der Auspflanzung und erstreckt sich von Anfang Dezember bis in den März hinein. Jedes Blatt wird von Hand gepflückt, pro Pflanze jeweils nur zwei oder drei auf einmal, damit die anderen weiterwachsen können. So kann es bis zu einem Monat dauern, bis eine sonnengereifte Pflanze vollständig abgeerntet ist – für gewöhnlich in sechs Abschnitten. Auch dies trägt zum Preis hochwertiger Zigarren bei.

Bei der Ernte werden die Blätter – die man ein wenig anwelken lässt, um die Gefahr des Brechens zu verringern – mit einer Handbewegung einzeln gepflückt. Man beginnt am unteren Ende, aber die untersten Blätter (*mañanita*) sind zu klein, um für Havannas verwendet zu werden; sie landen in maschinengefertigten Zigarren. Im Schatten gewachsene Pflanzen sind höher und haben mehr Blätter, darum werden sie, ebenfalls von unten beginnend, in neun Schritten gepflückt, von denen jeder etwa eine Woche dauert. Die Blätter heißen je nach Lage: *mañanita* (eine Verkleinerungsform von »morgen«), *libre de pie* (»frei vom Fuß«), *uno y medio* (»eineinhalb«), *primer centro fino* (»erste dünne Mitte«), *segundo centro fino* (»zweite dünne Mitte«), *centro gordo* (»dicke Mitte«) und *corona* (»Krone«). Die feinsten Blätter sitzen in der Mitte der Pflanze. *Corona*-Blätter sind meist zu ölig für die Verwendung als Deckblatt, außer für den einheimischen Markt, und finden als Einlage Verwendung. Dasselbe gilt für *libre-de-pie*-Blätter und *mañanitas*. Die gepflückten Blätter werden in kleinen Bündeln sortiert.

GEGENÜBERLIEGENDE SEITE: *Tabakernte in Indonesien. Hier wie überall auf der Welt werden die Tabakblätter noch heute von Hand gepflückt und eingebracht. Maschinen würden die Blätter zu grob behandeln und dem Anspruch an ein handgemachtes Produkt nicht gerecht.*

Die Blätterproduktion dauert von der Verpflanzung bis zum Abschluss der Ernte etwa 120 Tage. Die Bezeichnung *vintage*, die einige nichtkubanische Zigarrenhersteller, etwa General Cigar (für die Marke Macanudo) und Dunhill, verwenden, bezieht sich nicht auf das Herstellungsjahr, sondern das der Ernte.

Trocknung und Fermentation

Die sortierten sonnengereiften Blätter kommen zur weiteren Behandlung in traditionelle Tabakscheunen (siehe S. 47). Dort werden die Blätter mit Nadel und Zwirn paarweise zusammengenäht und an Stangen (*cujes*) auf Gerüsten aufgehängt. Die Stangen, die jeweils 50 Blattpaare tragen, werden während des Reifungsprozesses schrittweise nach oben bewegt, damit die Luft um sie herum zirkulieren kann. Diese Lufttrocknung geht wesentlich schneller vonstatten als die bei Zigarettentabak übliche Kamin- oder Hitzetrocknung. Wenn die Trocknung abgeschlossen ist, werden die Blätter, wiederum nach Sorten, zu großen Garben (*gavillas*) gebunden.

Bis Mitte der 1990er-Jahre wurden kubanische Deckblätter in den traditionellen Scheunen getrocknet, mittlerweile aber findet dieser Prozess in Anlagen mit ausgeklügelter Klimatisierung statt, die rund um die Uhr für optimale Bedingungen sorgt. Infolgedessen dauert die Trocknung der wertvollen Blätter heute nur noch 25 Tage.

Die *gavillas* bringt man ins Sortierhaus (*escogida*), wo sie zu etwa ein Meter hohen Haufen gestapelt und mit Jutetüchern bedeckt werden. Der Vorgang der Fermentation, den die in den Blättern verbliebene Feuchtigkeit nun auslöst, ähnelt dem Kompostieren. Dabei entsteht Wärme, und so muss ständig kontrolliert werden, dass sich keiner der Blätterstapel über 33 Grad Celsius aufheizt. Blätter von den oberen Teilen der Pflanze müssen länger fermentiert werden, weil sie dicker sind und mehr Öl enthalten. Bei Deckblättern dauert das mindestens 30 Tage, ebenso bei sonnenkultivierten Blättern (*ligero*) von der Pflanzenspitze, bei *seco*- und *volado*-Blättern nur 25 Tage. Nach der ersten Fermentation werden die Jutetücher entfernt und die Haufen aufgebrochen, damit die Blätter abkühlen.

Um die Blätter zu klassifizieren, werden sie zunächst aufgeschüttelt, getrennt, dann befeuchtet und gelüftet. Deckblätter teilt man in nicht weniger als 50 Klassen ein, je nach Farbe, Größe, Qualität und Struktur. Aussortierte Blätter werden für andere Zwecke genutzt. Sonnenkultivierte Blätter sortiert man in drei Größen und drei Geschmackskategorien (*tiempo*): *ligero*, *volado* und *seco*, die für die Mischung der Einlagen und die Herstellung der Umblätter entscheidend sind. Untaugliche Blätter werden auch hier für Zigaretten und nicht für den Export bestimmte Zigarren aussortiert.

Deckblätter, die nur einen Reifungsvorgang benötigen, packt man in Palmrinde zu quadratischen Ballen (*tercios*) und schafft sie zur weiteren Reifung in Lagerhäuser. Die Deckblätter von »grünen« Zigarren, die in den USA früher beliebt waren, werden früh verarbeitet. Da sie nicht gereift sind, besitzen sie wenig Geschmack und Aroma.

Die weitere Vorgehensweise bei den Einlage- und Umblättern ist eine andere: Sie werden im *despalillo* (»Entrippungshaus«) von den Blattrippen befreit. Dazu werden sie zunächst mit einer Mischung aus Wasser und Tabaksaft besprüht (*moja*), um sie geschmeidig zu machen. Das Entrippen wird traditionell von Frauen durchgeführt, meist mit einem Holzbrett auf den Beinen oder mit Blätterstapeln auf dem Schoß. Ein Teil der zentralen Blattadern der Einlageblätter wird entfernt. Dann werden sie erneut in drei *tiempos* eingeteilt und untaugliche Blätter aussortiert. Die wichtigen Deckblätter entrippt man erst später in den Zigarrenmanufakturen, auch werden sie nur mit reinem Wasser befeuchtet.

Nach der Klassifizierung werden je 50 Blätter zu Garben gebunden und zwischen Brettern gepresst. Es folgt die zweite Fermentation, für die die Blätter erneut zu großen Stapeln (*burros*) aufgehäuft werden – manchmal bis zu zwei Meter hoch, bedeckt mit Rupfentüchern. Die vorangegangene Befeuchtung (*moja*) befördert diesen Prozess. Wie zuvor brauchen die dickeren, aromatischeren Blätter von der Pflanzenspitze am längsten. Die Fermentation dauert bei *ligero*-Blättern 90 Tage, bei *seco* 60 Tage und bei *volado* 45 Tage. Die zweite Fermentation ist wesentlich intensiver als die erste. Man bestückt die *burros* mit Thermometern, und wenn die Temperatur 42 bis 43 Grad Celsius erreicht, werden die Haufen aufgebrochen, die Blätter abgekühlt, gewendet und wieder aufgehäuft, um eine gleichmäßige Fermentation sicherzustellen. Dieser Vorgang wird bei jedem Stapel mehrmals wiederholt.

Nach den langwierigen Phasen der Trocknung, Klassifizierung und Fermentation trocknet der Tabak ein paar Tage lang auf Gestellen. Dann endlich ist er, sortenrein zu Ballen (*pacas*) gepackt, fertig zur Verschickung in die Lagerhäuser oder Manufakturen. Dort werden die Blätter einem letzten Prozess unterzogen, der sie in perfekten Zustand bringt und ihnen höchsten Geschmack verleiht: der Reifung durch Alterung. Die starken *ligero*-Blätter werden über zwei Jahre aufbewahrt, *seco*-Blätter reifen 12 bis 18 Monate, *volado*-Blätter mindestens neun.

Trocknung und Fermentation

Die sortierten sonnengereiften Blätter werden zur weiteren Behandlung in traditionelle Tabakscheunen (casas de tabaco) *auf den Plantagen gebracht. Hier werden sie, je nach Wetter, 45 bis 60 Tage zur Trocknung und Farbveränderung aufbewahrt. Die Scheunen haben an jedem Ende große Türen und sind nach West-Ost ausgerichtet, damit die Sonne morgens eine Seite und am Spätnachmittag die andere aufheizt. Temperatur, Licht und Luftfeuchtigkeit werden sorgfältig überwacht, teils durch Öffnen und Schließen der Türen je nach Bedarf. Im Laufe der Reifung verfärben sich die grünen Blätter goldbraun, da sie oxidieren und das Chlorophyll von braunem Karotin überdeckt wird.*

Das Hauptziel der Fermentation ist, Unreinheiten auszuschwitzen, darunter auch Stickstoffverbindungen, wodurch ein starker Geruch nach Ammoniak entsteht. Dabei sinkt auch der Gehalt an Teer und Säuren, und der Nikotinanteil in den Blättern geht bis auf die Hälfte zurück. Eine gute und erfolgreiche Fermentation ist entscheidend für Geruch und Geschmack des Endprodukts, der Zigarre, und zudem trägt sie dazu bei, Farbe und Struktur der verschiedenen Typen von Blättern aneinander anzugleichen.

Gegenüberliegende Seite: Tabakarbeiter in Südostasien stapeln Blätter zur Fermentation in Kisten. Die Aufnahme stammt aus den 1940er-Jahren, das Verfahren wird aber heute noch angewandt.

Die Deckblätter, die in den *tercios* schon früher angeliefert wurden, müssen mindestens sechs Monate reifen. Die Palmblätter, in denen sie verpackt sind, sorgen für konstante Feuchtigkeit.

Connecticut-Shade-Deckblätter der Firma General Cigar reifen zweimal. Nachdem sie in Connecticut geerntet worden sind, bringt man sie auf dem Schiff in die Dominikanische Republik, wo sie fermentiert werden. Im Frühherbst packt man die Blätter zu Ballen und schickt sie zurück ins kühle Connecticut zum so genannten »Winterschwitzen«, einem siebenmonatigen Reifeprozess. Im Frühling kommen sie dann erneut in die Dominikanische Republik und lagern dort mindestens ein weiteres Jahr.

Für kubanische Top-Marken wie Cohiba werden die *ligero-* und *seco*-Blätter noch einmal sortiert und in Fässern in der Zigarrenmanufaktur ein drittes Mal fermentiert, wodurch sie ihren besonderen Geschmack erhalten.

Sorgfältige Trocknung ist entscheidend für die Biegsamkeit der Blätter beim Rollen; die lange Fermentation, der Reifeprozess und die Beseitigung von Unreinheiten verleihen ihnen Geschmack und Aroma. Aufgrund der Fermentation hat Zigarrentabak einen wesentlich geringeren Gehalt an Teer, Nikotin und Säure als Zigarettentabak. Wenn Zigarren leicht nach Ammoniak riechen, ist der Tabak mit Sicherheit nicht ordnungsgemäß gereift. Je länger die Blätter fermentiert und gereift sind, so die Faustregel, desto feiner der Geschmack.

In der Manufaktur

Heute stellen nur noch wenige Manufakturen (*fabricas*) handgemachte Zigarren in Havanna her, einst waren es dutzende. Seit dem Boom der 1990er-Jahre wurden in Kuba jedoch mehrere neue erbaut, zuletzt die H.-Upmann-Manufaktur in Vedado, einem Vorort von Havanna. Im Zuge der Revolution erhielten alle Manufakturen andere, dem Geist der neuen Zeit angepasste Namen; die vorrevolutionären Namen blieben jedoch in Gebrauch und über den Toren der Manufakturen hängen immer noch die alten Markenzeichen. Aus Partagas wurde so Francisco Perez German, Romeo y Julieta wurde zu Briones Montoto, La Corona hieß nun Fernando Roig und die Manufaktur H. Upmann bekam den Namen José Martí. Jede der Manufakturen stellt mehrere Marken her, die sich jedoch im Geschmack gleichen. Einige haben sich auch auf bestimmte Größen spezialisiert. Partagas etwa, im Zentrum Havannas gelegen, auf vollaromatische Zigarren: außer Partagas, der Hausmarke, Bolivar und Ramon Allones.

In der Manufaktur entsteht das Endprodukt all der Mühen des Anbaus, der Veredelung und der peniblen Auswahl des Tabaks: die Zigarre, die wir rauchen. Entscheidend ist hier nicht nur das Geschick der Zigarrenmacher, sondern auch die Wachsamkeit der Manufakturleiter, nur solche Zigarren freizugeben, die höchsten Ansprüchen genügen und ihrer Marke würdig sind.

Wenn sie die Manufaktur verlassen, sind die Blätter handgemachter Havanna-Zigarren seit dem Tag der Aussaat durch gut 200 Stufen der Bearbeitung gegangen. Mehr als drei Jahre sind vergangen, seit die ältesten der Blätter gepflückt wurden.

Wie man sich denken kann, gilt auch in der Manufaktur die größte Aufmerksamkeit den Deckblättern. Nach ihrer

Ankunft nimmt man sie aus den *tercios* und trennt sie durch Schütteln voneinander. Da sie recht spröde sind, müssen Arbeiter, die man *zafadores* nennt, sie befeuchten, damit sie entrippt und neu sortiert werden können. Zuerst werden die Blattspitzen in Wasser getaucht, dann die Blätter (in Bündeln zu je 40 bis 50 Stück) unter feine Sprühdüsen gehalten. Überständige Wassertropfen werden durch Schütteln entfernt, um Fleckenbildung zu vermeiden. Schließlich hängt man die – mittlerweile zum Teil fast durchsichtigen – Blätter bei konstanter Luftfeuchte von 95 Prozent für etwa 24 Stunden bündelweise auf Gestelle. Dadurch bekommen sie eine weiche, fast seidige Struktur.

Nun werden die Deckblätter entrippt (siehe S. 52). Frauen sortieren die Blätter und dehnen und glätten sie dabei. Nach Farbe und Größe teilt man die Deckblätter in bis zu 20 Klassen ein. Später werden sie nach den Maßen (*vitola*) der Zigarre, die sie am Ende zieren sollen, in 25er-Bündeln gesammelt. Ein Deckblatt muss dabei für zwei Zigarren reichen.

Einlage- und Umblätter werden aus den Ballen entnommen und sorgfältig untersucht. Sind sie noch zu feucht, lüftet man sie auf Gestellen. Dann werden sie bis zu ihrer Verarbeitung in Holzfässern aufbewahrt. Nun folgt der Prozess des Mischens (siehe S. 52).

Um den typischen, gleich bleibenden Geschmack einer Marke zu garantieren, sollte die Mischung stets die gleiche sein. Da die Ernten unterschiedlich ausfallen können, müssen jederzeit große Vorräte gereifter Blätter aus früheren Ernten bereitstehen. Auch die Kosten solch aufwändiger Lagerhaltung tragen zum hohen Preis feiner Zigarren bei.

Das Verhältnis verschiedener Blätter in der Einlagefüllung entscheidet über Geschmack und Aroma einer Sorte. Vollaromatische Zigarren, etwa Partagas, haben einen hohen Anteil an *ligero*, während mildere Sorten, wie Hoyo de Monterrey, mehr *volado-* und *seco-*Blätter enthalten.

Gegenüberliegende Seite: Das Handwerkszeug des torcedor *(von links): Töpfchen mit pflanzlichem Leim* (goma)*, Holzbrett* (tabla)*, zwei Messer (die flachklingige* chaveta *und der kleine* casquillo *zum Ausschneiden von runden Scheiben) und Guillotine, darüber Einlageblätter, Bindungsblatt, Deckblatt und Maßschablone* (cepo)*.*

Die kubanische Bolivar verdankt ihren Geschmack einer Mischung mit mehr *seco-* als *volado-*Blättern, nicht etwa einem hohen *ligero-*Anteil. Einige Sorten kleiner und dünner Zigarren kommen sogar ohne *ligero-*Tabak aus.

Der *ligador* ist für die Beständigkeit der »Rezeptur« einer Marke verantwortlich. Einlage- und Umblätter werden im streng gesicherten Mischraum nach den vom *ligador* vorgeschriebenen Mengenverhältnissen zusammengestellt und zur Übergabe an die Roller gebündelt. Die Misch-Abteilung trägt den Spitznamen *la baranjita* – wörtlich: Spielkartensatz –, weil die Arbeit dort dem Mischen und Verteilen von Karten ähnelt.

Am nächsten Tag erhält jeder Zigarrenmacher gemischte Blätter für 50 Zigarren. In einer Havanna-Manufaktur arbeiten meist 200 bis 300 Roller. Bis zur Revolution waren dies ausschließlich männliche Arbeiter (*torcedores*), heute sind es überwiegend Frauen (*torcedoras*). Die Manufaktur El Laguito, in den 1960er-Jahren ursprünglich als Ausbildungsstätte für Zigarrenroller gegründet, war die erste, die *torcedoras* einsetzte. Inzwischen arbeiten in der für die Herstellung der Cohibas berühmten Manufaktur sogar nur noch Frauen.

Die Tische der Roller erinnern an altmodische Schulbänke. An den Wänden hängen revolutionäre Slogans, Botschaften, die die Wichtigkeit der Qualität betonen, sowie Porträts von Castro, Che Guevara und anderen Nationalhelden. Die Stimmung in den großen Drehsälen

ist stets locker und lebhaft, doch die *torcedores* sind stolz auf ihre Arbeit und widmen sich ihr mit strenger Konzentration. Wenn ein Besucher den Raum betritt, empfangen sie ihn, indem sie mit ihren Schneidewerkzeugen (*chavetas*) auf die Tische klopfen. Die *torcedores* arbeiten bis zu 48 Stunden pro Woche und werden nach Leistung, das heißt der Anzahl der hergestellten Zigarren, bezahlt, durchschnittlich ein paar 100 Dollar im Monat. Während der Arbeit dürfen sie so viele Zigarren rauchen, wie sie wollen, außerdem können sie jeden Tag bis zu fünf Stück mit nach Hause nehmen.

Während der Arbeit hören die Roller Radiomusik oder sie lassen sich von stimmkräftigen Kollegen aus Büchern und Zeitungen vorlesen, über deren Auswahl abgestimmt wird. Die *lectores* lesen auf einer Plattform an der Frontseite des Raums und erhalten als Ersatz für ihren Verdienstausfall von den anderen eine kleine Summe.

Seit Mitte des 19. Jahrhunderts, als die Produktion hochwertiger Zigarren perfektioniert und standardisiert wurde, hat sich die Zigarrenherstellung von Hand kaum mehr verändert. Die Werkzeuge sind einfach, aber die Arbeit erfordert beträchtliches Geschick, Erfahrung und

Zubereitung des Wickels und der Mischung

Die Deckblätter werden sortiert, bevor sie entrippt werden. Die Frauen, die diesen wichtigen Arbeitsschritt durchführen, entfernen die gesamte zentrale Blattader mit einer geschickten Handbewegung, wodurch das Blatt in zwei Hälften zerfällt.

Der nun folgende Prozess des Mischens ist der Schlüssel zum Charakter einer Marke. Tatsächlich beginnt die Auswahl der jeweiligen Blätter jedoch schon lange, bevor der Tabak in die Manufaktur kommt. Heute produzieren alle Havanna-Manufakturen (das heißt Hersteller handgemachter Zigarren für den Export) mehr als eine Marke. Daher entscheidet der Mischmeister (ligador), *sobald er weiß, welche Zigarren herzustellen sind, über die genaue Auswahl der dafür benötigten Blätter.*

Die Kunst des Zigarrenrollens

Die erste Stufe des Rollens ist die Herstellung des Wickels (auch »Puppe« genannt): des Körpers der Zigarre, bestehend aus Einlage und Umblatt. Dazu legt der Roller die zwei (manchmal drei) halben Blätter, die das Umblatt (capote) *bilden werden, so auf ein Holzbrett* (tabla), *dass die geäderten Unterseiten zum späteren Inneren der Zigarre gewandt sind. Dann nimmt er zwei bis vier Einlageblätter, faltet und richtet jedes Einzelne so aus, dass die Zigarre richtig ziehen kann.*

Nun rollt der Zigarrenmacher die Einlage so in das Umblatt, dass die entstehende Puppe den richtigen Durchmesser für das jeweilige Format (vitola) *hat. Der Rollvorgang beginnt am Fuß der Zigarre, wobei darauf geachtet werden muss, dass die Einlage auf der ganzen Länge gleichmäßig gepresst wird. Das Mundende (Kopf) wird dann mit einer kleinen Guillotine gerade abgeschnitten. Anschließend kommt die Puppe in eine hölzerne Model, um das richtige Format zu festigen.*

Deckblatt und Kappe zufügen

Der Roller – heutigentags ist es meist die Rollerin – legt nun ein halbes Deckblatt auf die tabla*; die stärker geäderte Seite liegt dabei oben, damit die Zigarre von außen so glatt wie möglich wird. Das Deckblatt schneidet man nun mit der ovalen Klinge, der* chaveta*, auf die passende Größe zurecht.*

Dann legt man die Puppe quer auf eine Ecke des Deckblatts und rollt das Ganze zusammen, wobei die Kanten des Deckblatts, dessen Spitze am Fuß der Puppe ansetzt, einander bei jeder Drehung überlappen. Das Deckblatt wird vorsichtig gedehnt, geglättet und mit einem Naturleim befestigt. Schließlich dreht der Roller die Zigarre unter der flachen Seite der chaveta*, um sie so gleichmäßig wie möglich zu formen.*

Der letzte Schritt in der Fertigung handgemachter Zigarren ist die Anbringung der Kappe. Dafür schneidet man von Deckblattresten ein Stück Tabak ab und windet es so um den Kopf der Zigarre, dass es am offenen Ende abschließt und den Deckblattrand verstärkt.

Dann wird mit dem casquillo *ein rundes Stück Deckblatt (von der Größe einer kleinen Münze) aus den Resten ausgeschnitten.*

Dieses runde Stück wird nun so um den Kopf der Zigarre gewickelt, dass es das offene Ende vollständig bedeckt.

Schließlich wird es mit farb- und geschmacklosem Pflanzenleim befestigt.

GEGENÜBERLIEGENDE SEITE: Dieses Zigarrenformat nennt man figurado. *Vor 100 Jahren hatten die meisten Havannas eine solche Torpedoform. Heute kommt das Format recht selten vor, außer bei der Marke Cuaba (siehe S. 74), deren sämtliche Zigarren an beiden Enden spitz zulaufen* (double figurado).

Sorgfalt – nicht von ungefähr dauert die Lehrzeit neun Monate. Die erfahrensten Roller im Saal sitzen vorn, die weniger routinierten hinten (Näheres zum Füllen und zum Rollen siehe S. 53).

Während in den kubanischen Manufakturen der Roller auch das Füllen übernimmt und die Zigarre bis zum Ende begleitet, werden in anderen Ländern, etwa der Dominikanischen Republik, die Arbeitsschritte des Füllens und Rollens von verschiedenen Spezialisten durchgeführt, wobei meist auf jeden Füller zwei Roller kommen. Nun werden Deckblatt und Kopf hinzugefügt (siehe S. 54/55).

In kubanischen Zigarrenmanufakturen teilt man die Roller in sieben Gruppen ein. Die Anfänger in den Gruppen eins bis drei verrichten andere Tätigkeiten, während sie ihre Fähigkeiten ausbilden. Die am wenigsten Erfahrenen (Gruppe vier) rollen kleinere Zigarren bis einschließlich *petit-corona*-Format. Gruppe fünf stellt *corona* und größere Formate her. Angehörige der Gruppen sechs und sieben (die ein paar wenigen Meisterrollern vorbehalten ist) fertigen schwierige Spezialgrößen wie Pyramiden. Die Bezahlung richtet sich nach Gruppenzugehörigkeit (Voraussetzung für die höchsten Gruppen sind mehr als 20 Jahre Berufserfahrung), sodass sich das Können des Rollers auch im Endpreis der Zigarre niederschlägt. Dieses System ist auch in anderen Ländern üblich. Daher sind kleine Zigarren im Vergleich zu größeren und ungewöhnlichen Formaten relativ preiswert.

Erfahrene Roller schaffen täglich um die 100 mittelgroße Zigarren, die besten von ihnen bis zu 150 in acht Stunden. Für gewöhnlich werden sehr große Zigarren und Spezialformate wesentlich langsamer hergestellt, nur etwa 50 oder 60 am Tag, was ihren Preis erhöht.

Überwacht wird die Arbeit der Roller vom Leiter der Manufaktur (*el jefe de galera*) und unmittelbar von den bestgestellten *torcedores*, die für je 30 bis 40 Leute in einem Team zuständig sind.

HANDGEMACHT ODER MASCHINELL PRODUZIERT?

DIE AUF DEN Seiten 52 bis 55 beschriebene Prozedur mit langen Füllblättern ist der entscheidende Unterschied zwischen handgemachten Zigarren und den billigeren Fabrikprodukten, für die meist geschnittener Tabak verwendet wird. Zwar enthalten die besten maschinell gefertigten Sorten (etwa die aus Kuba) lange Füllblätter, die einzeln an die Länge der Zigarre angepasst werden, aber große Zigarren und Spezialformate lassen sich nur von Hand drehen, und nur handgemachte Zigarren haben einen geschmeidigen, gleichmäßigen Zug.

In den frühen 1990er-Jahren führte Kuba maschinell gefertigte Zigarren mit dem Signet *hand finished* ein. Dabei werden lange Füllblätter maschinell gerollt, die Deckblätter sind hochwertig und die Kappen gleichen denen handgemachter Zigarren, an die sie aber dennoch nicht herankommen. Wer eine Marke nicht kennt, sollte Begriffen wie *hand finished* nicht trauen. Nur vollständig handgemachte Zigarren sind wirklich handgemacht.

Die Definition von »handgemacht« wurde in den späten 90ern noch unklarer, als Kuba Zigarren auf den Markt brachte, die nach der *tripa-corta*-Methode mit kurzen Einlageblättern produziert wurden. Diese Methode, nach der man zuvor Zigarren für den einheimischen Gebrauch

hergestellt hatte, beruht zwar vollständig auf Handarbeit, doch werden dabei Abschnitte von Zigarren mit langen Einlagen und andere gehackte Tabake verwendet. Der *torcedor* rollt diese Füllung mithilfe einer biegsamen Matte, die an seiner Bank befestigt ist, in ganze Umblätter und kann so ein festes Bündel bilden, um das dann die Deckblätter nach traditioneller Weise gerollt werden. Einige kubanische Marken nannten solche Zigarren *cazadores*. Mit Top-Zigarren mit langen Einlageblättern können sie nicht mithalten. Dafür sind sie preiswerter.

Hüllen aus Zellophan sind bei kubanischen Zigarren ein Zeichen für maschinelle Herstellung – nicht aber bei Marken aus anderen Ländern. Einige der Besten von ihnen, etwa Macanudos, werden einzeln in Zellophan gewickelt.

Um die Verwirrung noch zu steigern, stellen manche kubanische Marken (etwa H. Upmann und Punch) sowohl maschinell als auch von Hand gefertigte Formate her. Und einige Marken aus Kuba, die einst per Hand und später maschinell produziert wurden, wie La Flor de Cano, entstehen nun auch nach der *tripa-corta*-Methode. Por Larrañaga liefert heute nicht nur handgemachte Zigarren mit langen Einlageblättern, sondern auch solche aus *tripa-corta*-Produktion und maschinell hergestellte. Auch einige Nicht-Havanna-Marken haben Fabrikzigarren in ihrem Sortiment. Ebenfalls aus Maschinenproduktion stammen einige sehr kleine Formate, die berühmte Namen tragen, für gewöhnlich aber an den fehlenden Kappen erkennbar sind und meist in Pappschachteln verkauft werden.

Die in der Regel minderwertigeren Deckblätter von vollständig maschinell hergestellten Zigarren bieten die besten Hinweise auf ihre Herkunft: Sie sind oft grob und weisen manchmal hervortretende Adern auf. Ihre Zähigkeit ist notwendig, um den Strapazen der mechanischen Anbringung zu widerstehen – ein Riesenunterschied zur sanften Behandlung der Deckblätter durch einen Roller. Auch ein Blick auf die Kappe zeigt Unterschiede zwischen Handarbeit und Fabrikprodukten (von den hochwertigsten abgesehen). Die Kappen maschinell hergestellter Zigarren sind meist eher merklich spitz als sanft gerundet. Billige Fabrikzigarren haben oft gar keine Kappen.

Die Zigarrenherstellung mit langen Einlageblättern nennt man auch Buch-Methode. Ob sie angewandt wurde oder nicht, lässt sich leider nur feststellen, indem man die Zigarre der Länge nach aufschneidet: Die Einlageblätter sollten dann aussehen wie die Seiten eines Buchs.

Wenn ein Roller 50 Zigarren fertig hat, schnürt er sie zu einem 50er-Bund, das *media rueda* (»halbes Rad«). Es erhält ein Etikett mit Identifikationsnummer des Rollers, Zigarrentyp und Tag der Herstellung. Der größte Teil der Bunde kommt direkt in eine Vakuum-Räucherkammer, wo sie gegen Schädlingsbefall behandelt werden.

Qualitätskontrolle

Einige Bündel von jedem Zigarrenroller werden jedoch beiseite gelegt und am nächsten Tag in der Abteilung für Qualitätskontrolle geprüft.

Eine zu stark befüllte, »gestopfte« oder schlecht gerollte Zigarre (in der etwa die Einlageblätter nicht richtig angeordnet sind), zieht schlecht und muss ständig neu angezündet werden, was den Geschmack beeinträchtigt. Wenn sie zu locker gefüllt ist, brennt sie schnell ab, wird zu heiß und ist unangenehm zu rauchen. Auch das gute Aussehen einer Zigarre und ihre ordnungsgemäße Lagerung sind wichtig. Darum entscheiden Qualitätskontrollen über den guten Ruf einer Marke und ihren Preis.

Der Anteil der geprüften Zigarren ist von Marke zu Marke unterschiedlich und abhängig von der Politik der jeweiligen Manufaktur. Bei großen Marken wie Cohiba werden bis zu 20 Prozent der Produktion getestet, bei

OBEN: Eine frühe US-Zigarrenmanufaktur, benannt nach Henry Vane, ab 1636 Gouverneur von Massachusetts, später eine führende Figur im englischen Bürgerkrieg.

GEGENÜBERLIEGENDE SEITE: Erfahrene Zigarrenroller bei der Fertigung besonders großformatiger Zigarren in der Manufaktur Las Villas in »Little Havanna«, dem kubanischen Viertel von Miami in Florida.

anderen nur um die zehn Prozent. Die Kontrollen sind streng und akribisch, untersucht werden Kriterien wie Geschlossenheit und Weichheit des Deckblatts, Ausführung der Kappe, Gewicht, Länge und Festigkeit, sauberer Abschnitt der Enden sowie das allgemeine Erscheinungsbild. Arbeitsmuster von jedem Roller werden außerdem regelmäßig daraufhin geprüft, ob die Mischung korrekt ist und die Zigarren den Anforderungen entsprechen. Untaugliche Zigarren zieht man von der Tagesquote des Zigarrenmachers und damit von seinem Lohn ab.

Kuba hat im Jahr 2001 begonnen, hochmoderne Geräte zu installieren, die den Zug der Zigarre prüfen. Der Test findet nach der Pressung des Bündels in der Model und vor Anbringung des Deckblatts statt. Solche Maschinen werden in den großen international geführten Fabriken der Dominikanischen Republik seit vielen Jahren benutzt. Kleinere Hersteller außerhalb Kubas ziehen es jedoch weiterhin vor, alles mit der Hand zu machen.

In Kuba führt man Tests auch mit dem Mund durch. Eine kleine Menge Zigarren wird in Havanna-Fabriken von professionellen Geschmacksprüfern (*catadores*) geraucht. In Blindtests bewerten die *catadores*, die selbst mehrmals pro Jahr geprüft werden, nach sechs Kriterien Zug, Brennverhalten und Aroma. Daneben gibt es spezielle Maßgaben für einzelne Formate: etwa den Geschmack einer *robusto* und den Zug einer *panatela*. Die Arbeit findet morgens statt, pro Sitzung raucht der *catador* von drei bis fünf verschiedenen Zigarren je einen Fingerbreit; dazwischen erfrischt er seine Geschmacksnerven mit schwarzem Tee. Auf diese Weise wird nach und nach die Arbeit aller Roller in der Fabrik überprüft. Die *catadores* empfehlen auch Anpassungen der Mischung.

SORTIERUNG UND VERPACKUNG

NACH DER DESINFEKTION kommen die Zigarren in »Schaufenster« (*escaparate*), wo sie in gekühlten, zedernholzfurnierten Schränken ruhen, die jeweils bis zu 18.000 Zigarren fassen. Dadurch verlangsamt sich die weitere Fermentation, überständige Feuchtigkeit wird entzogen und die Aromen harmonisiert. Nach einer Woche sind die Zigarren rauchbar. Einige Marken werden nun verpackt, aber die besten lagern weitere drei Wochen oder länger. Führende dominikanische Marken lagern ihre teuersten Zigaretten für mehrere Monate.

Nachdem sie gekühlt worden sind, sortiert man die Zigarren in Chargen zu je 1000 einer Marke und eines Formats nach Farben. Es gibt etwa zwölf Grundfarben und über 60 Gradierungen. Die Sortierer (*escogedores*) kennen alle und gehören zu den erfahrensten Mitarbeitern einer Manufaktur. Sie ordnen die Zigarren so an, dass die dunkelste links, die hellste rechts liegt und die Abstufung dazwischen stimmt. Der Sortierer entscheidet auch, welche Seite der Zigarre oben liegt. Selbst bei diesem Arbeitsschritt werden noch minderwertige Zigarren aussortiert.

Nun werden die Zigarren in den Transit-Kisten mit den Bauchbinden ihrer Marke versehen. Danach kommt die Zigarre an ihre Position in der Kiste zurück. Die Binden müssen an jeder Zigarre exakt an der gleichen Stelle sitzen. Schließlich legt man die Zigarren in dekorierte Markenkisten aus Zedernholz. Beim Verpacken werden sie ein letztes Mal auf Aussehen und Farbpassung geprüft.

HOYO DE MONTERREY
HABANA
JOSE
GENER

ZIGARREN
im Detail

GEGENÜBERLIEGENDE SEITE: Eine anilladora *– oder »Binderin« – versieht jede Zigarre mit ihrer Bauchbinde und legt sie dann in Reih und Glied in die Zigarrenkiste.*

DIES IST DAS WOHL umfassendste illustrierte Verzeichnis handgemachter Zigarren, das je in Buchform erschienen ist. Es zeigt in alphabetischer Reihenfolge eine außergewöhnliche Anzahl von Formaten, alle in »Lebensgröße«. Wir beginnen auf Seite 66 mit original-kubanischen Havannas; ab Seite 126 folgt eine große Auswahl nichtkubanischer Marken. Angesichts der unübersehbaren Zahl von Zigarrenherstellern außerhalb Kubas ist es jedoch unmöglich, diese in ihrer Gesamtheit darzustellen, zumal immer wieder Marken kommen und gehen. Nichtkubanische Marken, die Havanna-Namen tragen – etwa honduranische Hoyos de Monterrey –, sind unter den jeweiligen kubanischen Marken verzeichnet.

Zigarrenformate

Auf dem europäischen Festland wird die Zigarrenlänge in Zenti- oder Millimetern angegeben, in Großbritannien und anderen englischsprachigen Ländern in Inch. Für den Durchmesser steht daneben aber hier wie dort sehr häufig das »Ringmaß«, gemessen in 1/64 Inches. Ringmaß 42 etwa bedeutet einen Durchmesser oder ein »Gürtelmaß« von 42/64 Inches.

Es gibt einige Grundformate für Zigarren: etwa *panatela*, *robusto* (oder *Rothschild*), *corona*, *double corona*, *especial*, *Lonsdale* und *Churchill*. Ihre Größe variiert jedoch von Marke zu Marke und bisweilen werden die Bezeichnungen recht großzügig angewandt. Daneben gibt es klassische »Spezialformate« wie die spitzen *pyramides* (in Kuba meist *piramides* geschrieben), *belicosos* (auch *torpedos* genannt) und *figurados* – ursprünglich Zigarren mit zwei spitzen Enden. Der Name *figurado* wird heute aber für alle ungewöhnlich geformten Zigarren verwendet und bedeutet im Grunde dasselbe wie *perfecto*.

Länge und Durchmesser lassen sich beliebig kombinieren, in der Praxis reichen die Ringmaße handgemachter Zigarren jedoch von 26 (10,1 mm) bis zu »Monsterformaten« wie der Casa Blanca *jeroboam* mit 66 (26,1 mm). Die Längen liegen zwischen weniger als 157 mm/4 Inches und 254 mm/10 Inches (etwa die Royal Jamaica *Ten Downing Street*). Es hat aber noch größere Zigarren gegeben. Zur Zeit der Entstehung dieses Buches plant Davidoff die Einführung der *esquisito*, der kleinsten handgemachten Zigarre der Welt.

Einige Formate, etwa die berühmte *Montecristo A*, sind eng mit bestimmten Marken verbunden. Viele Marken führen aus Marketing- oder produktionstechnischen Gründen neue Formate ein (oder schaffen alte ab). Die Anzahl der Formate im Sortiment einzelner Marken reicht von einer Hand voll bis hin zu dutzenden.

Insgesamt gibt es über 60 Formate (*vitolas*) handgemachter Zigarren. In Kuba tragen sie Manufakturnamen, die meistens kommerziell nicht verwendet werden. Einige Grundgrößen sind auf der folgenden Seite verzeichnet, aber diese Tafel kann nur einen allgemeinen Überblick bieten. Kubanische Manufakturnamen, wenn es solche gibt, stehen in Klammern.

Links sieht man eine Hoyo de Monterrey *Part* (eine der größten Zigarren in unserem Verzeichnis), rechts eine Ramon Allones *maestro* (eine der kleinsten).

Größenvergleich (von links nach rechts): eine Montecristo A*, eine Hoyo de Monterrey* double corona*, eine Romeo y Julieta* Churchill*, eine Romeo y Julieta* belicoso*, eine Quintero* panatela *und eine Cohiba* robusto.

Name	Länge Inch (mm)	Ringmaß $^{1}/_{64}$ Inch (mm)
Montecristo A (gran corona)	$9\,^{1}/_{4}$ (235)	47 (18,65)
Double corona (prominente)	$7\,^{5}/_{8}$ (194)	49 (19,45)
Especial (Laguito No. 1)	$7\,^{1}/_{2}$ (190)	38 (15,08)
Long panatela	7 (178)	36 (14,29)
Churchill (Julieta 2)	7 (178)	47 (18,65)
Lonsdale (Cervante)	$6\,^{1}/_{2}$ (165)	42 (16,67)
Pyramide (piramide)	$6\,^{1}/_{8}$ (156)	52 (20,64)
Corona extra (corona gorda)	$5\,^{5}/_{8}$ (143)	46 (18,26)
Corona	$5\,^{5}/_{8}$ (143)	42 (16,67)
Belicoso (campana)	$5\,^{1}/_{2}$ (140)	52 (20,64)
Robusto/Rothschild	5 (127)	50 (19,84)
Petit corona (mareva)	5 (127)	42 (16,67)
Panatela (Laguito No. 3)	$4\,^{1}/_{2}$ (114)	26 (10,32)
Tres petit corona (perla)	4 (102)	40 (15,87)
Demi-Tasse (entreacto)	$3\,^{7}/_{8}$ (98)	30 (11,91)

BOLIVAR

SO BEKANNT wie heute wurde diese große, 1901 oder 1902 von der Firma J. F. Rocha begründete Marke erst in der Nachkriegszeit, als sie (zusammen mit La Gloria Cubana) 1954 nach dem Tod von José F. Rocha an die Familie Cifuentes überging. Zur Zeit der Castro-Revolution in Großbritannien besonders beliebt, lief die Produktion ohne Unterbrechung bis heute weiter. Benannt ist sie nach dem früheren Revolutionär, Soldaten und Staatsmann Simon Bolivar, der im 19. Jahrhundert gegen die spanische Herrschaft kämpfte und unter dem Ehrennamen »El Libertador« große Teile Südamerikas, etwa Venezuela, Peru und Bolivien (dessen Name von dem des Freiheitskämpfers abgeleitet ist), von den Spaniern befreite. Rocha muss ihn sehr bewundert haben: Sein Porträt ziert Kisten und Bauchbinden – einige Vorkriegsbänder zeigen allerdings nicht sein Gesicht, sondern einen Helm.

Obwohl die Preise kürzlich erhöht wurden, sind Bolivars unter den Havannas immer noch eine relativ preiswerte Marke. Hergestellt werden die Zigarren mit dunklen Deckblättern in der auf starke Zigarren spezialisierten Partagas-Manufaktur. Verglichen mit anderen Havannas, haben sie ein sehr intensives Aroma – und eignen sich daher definitiv nicht für Anfänger und Leute, die schon morgens Zigarren rauchen. Viele erfahrene Raucher lieben sie jedoch. Man könnte meinen, ihr reicher, erdiger Geschmack komme von zusätzlichem *ligero*-Tabak, doch der wahre Grund liegt im größeren Anteil von *seco-* als *volado*-Blättern in der Einlagemischung. Bolivars altern sehr gut und erreichen nach etwa fünf Jahren ihren Höhepunkt. Sie sind in fast allen Ländern erhältlich.

Die Export-Auswahl wurde in den letzten Jahren stark reduziert auf zwölf handgemachte und zwei (*belvederes* und *chicos*) maschinell gefertigte Formate, erkennbar an der Zellophanverpackung. Sogar die Fabrikzigarren haben unter Bolivar-Freunden ihre Fans. Die größeren Formate (von *coronas* aufwärts) sind bei Liebhabern schwerer Zigarren ganz besonderes begehrt. Sie haben ein mächtiges Aroma und einen guten Zug und sind besser gerollt als die kleineren. Die längste, *coronas gigantes* (eine *Churchill*), ist eine ausgezeichnete After-Dinner-Zigarre. Die torpedoförmigen *belicosos finos* sind ebenfalls sehr beliebt und passen als Abschluss eines reichhaltigen Abendessens, die *Royal corona* (eine *robusto*) ist ein eher feiner, aber kräftiger Rauchgenuss nach einem guten Mittagessen. Bis 1973 hieß sie *Prince Charles*. Die *petit corona* gehört zu den geschmackreichsten ihres Formats überhaupt. Die *inmensas* (die kleiner ist, als der Name vermuten lässt) ist ebenfalls recht kräftig. Eine Serie mit dem Namen *Amado Selección* (*C*, *E* und *G*) wurde in den 1980er-Jahren für den britischen Importeur Joseph Samuel & Son hergestellt, bis 1993 Hunters & Frankau die Firma übernahmen. Diese Zigarren entsprachen *coronas extra*, *Royal coronas* und *coronas junior*. Manche meinen, einige Bolivar-Formate seien seit Mitte der 1990er-Jahre milder geworden, jedenfalls sind sie beständig gut gemacht.

Es gibt auch dominikanische Bolivars in zehn Formaten. Sie sind sehr ähnlich verpackt, aber sonst nichts Besonderes. Helle *Connecticut-Shade*-Deckblätter, indonesische Jember-Umblätter und dominikanische Einlage machen sie wesentlich milder als die kubanische Version.

Die Bolivar Gold Medal*, eine sehr starke, zur Hälfte in Goldfolie verpackte Zigarre, die aus der Zeit vor der Revolution stammt und seit 1992 nicht mehr hergestellt wird, ist ein gesuchtes Sammlerstück. Sie hat das Ringmaß 42 (16,67 mm) und ist 165 mm lang.*

Coronas gigantes: Ringmass **47 (18,65 mm)**, Länge **173 mm (7 Inches)**

Belicosos finos: Ringmass **52 (20,64 mm)**, Länge **140 mm ($5\frac{1}{2}$ Inches)**

Royal coronas: Ringmass **50 (19,84 mm)**, Länge **124 mm ($4\frac{7}{8}$ Inches)**

Inmensas: Ringmass **43 (17,07 mm)**, Länge **170 mm ($6\frac{3}{4}$ Inches)**

Coronas extra: Ringmass **44 (17,46 mm)**, Länge **143 mm ($5\frac{5}{8}$ Inches)**

Bolivar stellte früher die kleinste handgemachte Havanna her: die delgado, *nur 4,75 cm lang bei Ringmaß 20 (7,8 mm). Zudem produzierte die Firma einst eine Kiste mit Zigarren in Miniaturversion für ein Puppenhaus der königlichen Kinderstube in Windsor.*

Coronas: Ringmass **42 (16,67 mm)**, Länge **143 mm (5⅝ Inches)**

Petit coronas: Ringmass **42 (16,67 mm)**, Länge **129 mm (5⅛ Inches)**

Bonitas: Ringmass **40 (15,87 mm)**, Länge **127 mm (5 Inches)**

Coronas junior: Ringmass **42 (16,67 mm)**, Länge **110 mm (4⅜ Inches)**

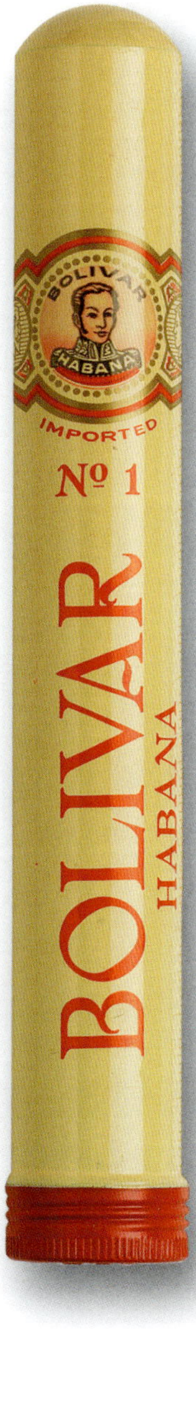

Bolivar tubos No. 1: Ringmass **42 (16,67 mm)**, Länge **143 mm (5⅝ Inches)**

Bolivar tubos No. 2: Ringmass 42 (16,67 mm), Länge 129 mm (5 1/8 Inches)

Bolivar tubos No. 3: Ringmass 34 (13,49 mm), Länge 127 mm (5 Inches)

Belvederes: Ringmass 39 (15,48 mm), Länge 127 mm (5 Inches)

Chicos: Ringmass 29 (11,51 mm), Länge 106 mm (4 1/8 Inches)

Die dominikanischen Bolivars, die in zehn Formaten zu haben sind, zeichnen sich nicht durch besonders hohe Qualität aus. Wer allerdings milde Zigarren bevorzugt, ist mit ihnen besser bedient als mit den starken kubanischen Originalen. Die beiden in Zellophan verpackten Zigarren sind maschinell gefertigt.

COHIBA

Seitdem man sie auf den internationalen Markt gebracht hat, gilt die Cohiba weltweit als Nummer eins. Früher hieß es, ihre Einführung 1966 sei Che Guevaras Idee gewesen, aber das ist ein Mythos. Ursprünglich dienten Cohibas als exklusive Geschenke für auswärtige Staatsmänner und Diplomaten, oft mit persönlicher Bauchbinde. Wie die Marke wirklich entstand, ist nicht ganz klar. Einer allgemein anerkannten Version nach wurde Fidel Castro von einem seiner Leibwächter auf privat hergestellte Zigarren aufmerksam gemacht, deren Mischung von dem *torcedor* Eduardo Rivera stammte. Castro war so beeindruckt, dass er die Zigarren in der Manufaktur El Laguito offiziell herstellen ließ und Riviera zum Leiter der Produktion machte. 1968 startete die noch namenlose Zigarre mit drei eigens geschaffenen Formaten – *lancero*, *corona especiale* und *panatela*. Ihre Entwicklung und ihren Erfolg verdankt die Marke vor allem Avelino Lara, einem der besten kubanischen Rollern und Zigarrenexperten. Lara war von 1968 bis 1994 Leiter der Manufaktur El Laguito in einem eleganten Vorort von Havanna. Sie ist immer noch eng mit Cohiba verbunden, doch verschiedene Formate werden heute in den Manufakturen H. Upmann, Partagas und anderswo produziert.

Zur Markteinführung anlässlich der Fußball-WM 1982 in Spanien wurden die Zigarren in Madrid vorgestellt. 1989 kamen drei weitere Formate hinzu: *esplendido*, *robusto* und die eigens kreierte *exquisito*, die zusammen die so genannte *Linea Clasica* bilden. Der Nachschub war anfangs begrenzt, aber seit Anfang der 1990er-Jahren sind Cohibas weltweit erhältlich. Die *Siglo*-Reihe mit fünf weiteren Formaten wurde 1992 zur 500-Jahr-Feier von Kolumbus' großer Reise im Londoner Claridge-Hotel präsentiert. 2002 kam ein weiteres *Siglo*-Format (VI) dazu.

Für die Hersteller der Zigarre ist Qualität oberstes Gebot und es werden überall strengste Maßstäbe angelegt. Cohibas bestehen aus den besten verfügbaren Blättern (von Lara »die Auswahl der Auswahl« genannt) von lediglich fünf Plantagen. Sie genießen den Vorzug vor anderen Marken und werden von den besten kubanischen Rollern hergestellt. Ihren würzigen Geschmack verdanken sie der dreimaligen (nicht wie üblich zweimaligen) Fermentation der *ligero*- und *seco*-Blätter, aus denen die Einlage besteht. Die letzte Reifung dauert bis zu 18 Monate und erfolgt in Fässern in der Manufaktur selbst. Manche Experten glauben, aufgrund der zusätzlichen Reifung seien Cohibas durch Alterung nicht mehr zu verbessern. Wie immer sind andere anderer Meinung.

Die *Linea-Clasica*-Serie hat mittleren bis vollen Körper, die *Siglo*-Serie ist etwas leichter. Am reichsten ist die *robusto* und daher neben der *esplendido* auch der Favorit vieler Kenner. Kleine Formate wie die *panatela*, die keinen *ligero*-Tabak enthalten, sind um einiges milder. Das typische Aroma der Cohiba ist nicht jedermanns Geschmack. Mancher kauft sie nur, weil sie ein teures Statussymbol ist.

2000 kamen Cohibas als *Limited Edition* auf den Markt (Näheres: Siehe Hoyo de Monterrey, S. 78). Und 2003 wurde die *Selección Reserva* präsentiert – fünf extra milde Formate aus Blättern, die mindestens drei Jahre gereift sind. Eine *Gran-Reserva*-Auswahl (mit fünf Jahre gereiften Blättern) ist bereits geplant. *Selección-Reserva*-Zigarren tragen eine zusätzliche schwarz-goldene Bauchbinde mit der Aufschrift »Reserva«.

Die Bolivar Gold Medal, *eine sehr starke, zur Hälfte in Goldfolie verpackte Zigarre, die aus der Zeit vor der Revolution stammt und seit 1992 nicht mehr hergestellt wird, ist ein gesuchtes Sammlerstück. Sie hat das Ringmaß 42 (16,67 mm) und ist 165 mm lang.*

CORONAS GIGANTES: RINGMASS **47 (18,65 mm)**, LÄNGE **178 mm (7 Inches)**

BELICOSOS FINOS: RINGMASS **52 (20,64 mm)**, LÄNGE **140 mm (5½ Inches)**

ROYAL CORONAS: RINGMASS **50 (19,84 mm)**, LÄNGE **124 mm (4⅞ Inches)**

INMENSAS: RINGMASS **43 (17,07 mm)**, LÄNGE **170 mm (6¾ Inches)**

CORONAS EXTRA: RINGMASS **44 (17,46 mm)**, LÄNGE **143 mm (5⅝ Inches)**

Bolivar stellte früher die kleinste handgemachte Havanna her: die delgado, *nur 4,75 cm lang bei Ringmaß 20 (7,8 mm). Zudem produzierte die Firma einst eine Kiste mit Zigarren in Miniaturversion für ein Puppenhaus der königlichen Kinderstube in Windsor.*

Coronas: Ringmass **42 (16,67 mm)**, Länge **143 mm (5⅝ Inches)**

Petit coronas: Ringmass **42 (16,67 mm)**, Länge **129 mm (5⅛ Inches)**

Bonitas: Ringmass **40 (15,87 mm)**, Länge **127 mm (5 Inches)**

Coronas junior: Ringmass **42 (16,67 mm)**, Länge **110 mm (4⅜ Inches)**

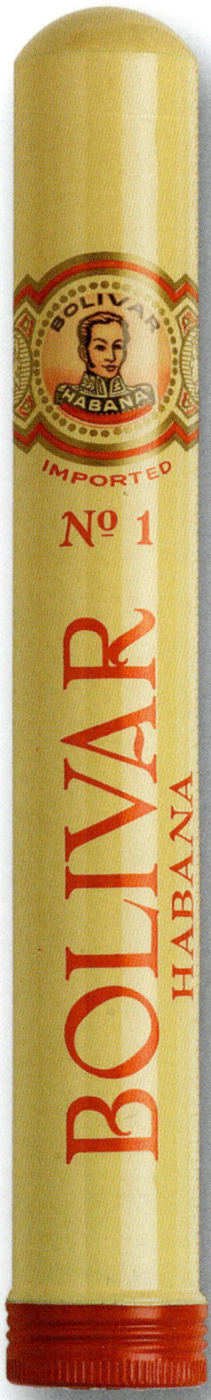

Bolivar tubos No. 1: Ringmass **42 (16,67 mm)**, Länge **143 mm (5⅝ Inches)**

Esplendidos: Ringmass **47 (18,65 mm),** Länge **178 mm (7 Inches)**

Robustos: Ringmass **50 (19,84 mm),** Länge **124 mm (4⅞ Inches)**

Exquisitos: Ringmass **33 (13,10 mm),** Länge **127 mm (5 Inches)**

Panatelas: Ringmass **26 (10,32 mm),** Länge **114 mm (4½ Inches)**

Die originalen Cohiba-Bauchbinden waren weiß (wie die von Davidoff), die ersten verkauften Zigarren trugen allerdings Binden in Schwarz und Gold.

Lanceros: Ringmass **38 (15,08 mm),** Länge **190 mm (7½ Inches)**

Coronas especiales: Ringmass **38 (15,08 mm),** Länge **152 mm (6 Inches)**

Siglo I: Ringmass **40 (15,87 mm),** Länge **102 mm (4 Inches)**

Siglo II: Ringmass **42 (16,67 mm),** Länge **127 mm (5 Inches)**

Das heutige Design mit kleinen weißen Quadraten auf schwarzem Grund über dem Wort Cohiba hat sich über die Jahre leicht verändert. Von 1982 bis 1992 waren über »Cohiba« drei Reihen weißer Quadrate zu sehen, bis 2003 zwei, jetzt wieder drei; »Cohiba« ist derzeit nicht mehr schwarz gedruckt, sondern golden.

Siglo III: Ringmass **42 (16,67 mm)**, Länge **156 mm (6$\frac{1}{8}$ Inches)**

Siglo IV: Ringmass **46 (18,26 mm)**, Länge **143 mm (5$\frac{5}{8}$ Inches)**

Siglo V: Ringmass **43 (17,07 mm)**, Länge **168 mm (6$\frac{5}{8}$ Inches)**

Siglo VI: Ringmass **52 (20,64 mm)**, Länge **149 mm (5$\frac{7}{8}$ Inches)**

Zigarren mit dem Namen Cohiba werden für den US-Markt auch in der Dominikanischen Republik hergestellt – von General Cigar, die so schlau waren, sich den Namen in den 1980er-Jahren schützen zu lassen. Die Typografie auf Kisten und Bauchbinden ist dieselbe wie bei kubanischen Cohibas, aber andere Details der Verpackung unterscheiden sich. Die Marke, die Deckblätter aus Kamerun und dominikanische Einlagen verwendet, wurde 1997 neu aufgelegt. Momentan läuft ein Prozess, der für die dominikanischen Cohibas das Aus bedeuten könnte.

Cuaba

Cuabas, im November 1996 eingeführt, gab es ursprünglich nur in Großbritannien. Der Name geht auf das alte Taino-Wort für einen besonders gut brennbaren Busch zurück. Diese Pflanze wurde früher zum Anzünden von Zigarren und bei religiösen Zeremonien verwendet. Noch heute gibt es unter kubanischen Farmern den Ausdruck »Quemar como una cuaba«, »brennen wie eine *cuaba*«.

Das Sortiment ist ungewöhnlich: Alle Zigarren sind *figurados* und an beiden Enden spitz zulaufend. *Figurados* waren im 19. Jahrhundert weit verbreitet, bis etwa 1970 jedoch praktisch verschwunden. In den letzten Jahren sind sie zwar wieder in Mode gekommen, aber kaum ein kubanischer Zigarrenroller wusste noch, wie man sie macht, bis 1995 der Veteran Carlos Izquierdo beauftragt wurde, ein Team auszubilden.

Cuabas werden in der Romeo-y-Julieta-Manufaktur hergestellt. Die vier Originalformate waren recht klein und ähnelten einander (Ringmaße von 42/16,67 mm bis 46/18,26 mm, Längen zwischen 101 und 145 mm). 2003 kamen zwei neue, größere Formate hinzu – *salomones* und *distinguidos*. Frühere *salomones*, 1999 für spezielle Humidore produziert, sind inzwischen Sammlerstücke, ebenso wie die 1998 für *Millenium Reserve*-Gefäße hergestellten *distinguidos*. Ende 2001 wurde außerdem eine kleine Anzahl von den in Alufolie verpackten *diademas* (233 mm) gefertigt.

Cuabas sind exzellente Medium-Zigarren (die *divinos* sind die kleinsten und zugleich stärksten) von süßem, weichem Geschmack, den Kenner sehr schätzen.

Alle vor Anfang 1997 hergestellten Cuabas besitzen leicht unterschiedliche Formen, weil sie ohne Model gerollt wurden. Sie sind inzwischen äußerst rar und sehr gesucht. Die spätere Produktion hat nun aber ein einheitliches Erscheinungsbild.

Exclusivos: Ringmass **46 (18,26 mm)**, Länge **145 mm (5¾ Inches)**

Generosos: Ringmass **42 (16,67 mm)**, Länge **132 mm (5¼ Inches)**

Tradicionales: Ringmass **42 (16,67 mm)**, Länge **120 mm (4¾ Inches)**

Divinos: Ringmass **43 (17,07 mm)**, Länge **102 mm (4 Inches)**

Diplomaticos

Die Diplomaticos, mit einer Kutsche und Schriftrollen auf der Bauchbinde, wurden 1996 für den französischen Markt kreiert. Obwohl das kleine Sortiment inzwischen in andere Länder exportiert wird, bleiben sie nach wie vor schwer erhältlich. Auch wenn manche das abstreiten, sind sie im Grunde Montecristos mit anderem Namen, wie diese also auch sehr hochwertige Zigarren: reich und fein, mit herrlichem Aroma. Zudem sind sie, trotz Preissteigerungen in den letzten Jahren, immer noch billiger als die tatsächlichen Montecristos. Mit der dominikanischen Marke Licenciados, die ein sehr ähnliches Logo trägt, sollte man sie allerdings nicht verwechseln.

Sie sind sehr gut gerollt, mittel bis voll im Geschmack, insgesamt aber wohl etwas milder als die ähnlichen Montecristos. *No. 1*, *No. 2* und *No. 3* sind besonders gut. Die Auswahl ist kleiner (nur fünf Formate), aber Größen und Nummerierung entsprechen den Montecristos. Die 1976 begonnene Produktion zweier weiterer Formate (*No. 6* und *No. 7*) wurde nach wenigen Jahren wieder eingestellt.

Diplomaticos No. 1: Ringmass **42 (16,67 mm)**, Länge **165 mm ($6\frac{1}{2}$ Inches)**

Diplomaticos No. 2: Ringmass **52 (20,64 mm)**, Länge **156 mm ($6\frac{1}{8}$ Inches)**

Diplomaticos No. 3: Ringmass **42 (16,67 mm)**, Länge **143 mm ($5\frac{5}{8}$ Inches)**

Diplomaticos No. 4: Ringmass **40 (15,87 mm)**, Länge **129 mm ($5\frac{1}{8}$ Inches)**

El Rey del Mundo

Von dieser nicht überall erhältlichen Marke (übersetzt heißt sie »König der Welt«) glaubte man früher, sie sei 1848 von dem Deutschen Emilio Ohmstedt begründet und nach seinem Tod auf die Firma von Antonio Allones übertragen worden. Andere Quellen lassen jedoch vermuten, dass sie 1882 von Antonio Allones eingetragen wurde. Heute liegt die Produktion in den Händen der für mittelstarke Zigarren bekannten Romeo-y-Julieta-Manufaktur. Die Marke steht für feine Zigarren mit sehr guten, öligen Deckblättern (vor allem bei größeren Formaten), besonderem Aroma und mildem bis mittlerem Geschmack – die Lieblingszigarre vieler erfahrener Raucher. Selbst die größeren Formate sind recht mild und gut für tagsüber geeignet. Das Sortiment wurde in den letzten Jahren angepasst, einige Formate schaffte man ab (ebenso wie die maschinell gefertigten) und führte die *tainos* (*Churchill*) wieder ein. Heute gibt es sieben Formate. Die *corona* war die Lieblingszigarre des legendären Filmproduzenten Darryl F. Zanuck. In den 1940er- und 50er-Jahren war El Rey del Mundo die teuerste Marke überhaupt.

Es gibt eine sehr gute Version mit vollerem Körper aus Honduras, die in vielen Formaten mit anderen Namen (abgesehen von *Choix supreme*) zu haben ist. Die Bauchbinden sind sehr ähnlich, tragen aber statt »Habana« die Bezeichnung »imported«. Die *Flor de Llaneza*, benannt nach dem Zigarrenhersteller Frank Llaneza aus Villazon, ist sehr begehrt.

Tainos: Ringmass **47 (18,65 mm)**, Länge **178 mm (7 Inches)**

Choix supreme: Ringmass **48 (19,05 mm)**, Länge **127 mm (5 Inches)**

Coronas de luxe: Ringmass **42 (16,67 mm)**, Länge **143 mm (5⅝ inches)**

Petit coronas: Ringmass **42 (16,67 mm)**, Länge **129 mm (5⅛ Inches)**

Fonseca

Die im Jahr 1892 von F. E. Fonseca begründete und 1907 eingetragene Marke ist außerhalb von Spanien, wo sie unter erfahrenen Rauchern großes Ansehen genießt, kaum bekannt. Man bekommt sie heute jedoch leichter als früher und zu moderaten Preisen. In den frühen 1990er-Jahren spielten die Kubaner kurz mit dem Gedanken, die handgemachten Fonsecas durch Fabrikzigarren zu ersetzen. Es gibt nur sehr wenige Formate – drei mit langen Einlageblättern (*tripa larga*) und eine (*delicias*, früher maschinell hergestellt) nach der nicht so hochwertigen *tripa-corta*-Methode.

Außergewöhnlich ist die Einzelverpackung in weißes Seidenpapier; die Kiste zeigt die Festung Morro in Havanna, die Freiheitsstatue – ein Relikt aus den Zeiten vor dem US-Embargo – und das Porträt von F. E. Fonseca.

Es sind ausgezeichnete leichte Zigarren (eine der mildesten Havanna-Marken) mit etwas salzigem Aroma: ideal für Einsteiger. Die *invictos*, deren Produktion 1992 eingestellt wurde, sind wegen ihrer außergewöhnlichen Form für Sammler interessant: Der Kopf ist normal, der Fuß gedreht und spitz.

Eine dominikanische Ausgabe der Marke ist seit 1965 auf dem Markt. Auch sie sind sehr gut verarbeitet, von mittlerem Körper, besitzen Deckblätter aus *Connecticut Shade* oder *Broadleaf* (*maduro*), dazu mexikanische Umblätter und dominikanische Einlagen. Die feine Papierhülle aus Seide fehlt, aber die Bauchbinden sind, abgesehen von dem Aufdruck »imported« statt »Habana«, zum Verwechseln ähnlich.

Fonseca No. 1: Ringmass **43 (17,07 mm)**, Länge **162 mm ($6\frac{3}{8}$ Inches)**

Cosacos: Ringmass **42 (16,67 mm)**, Länge **135 mm ($5\frac{3}{8}$ Inches)**

Kdt Cadetes: Ringmass **36 (14,29 mm)**, Länge **114 mm ($4\frac{1}{2}$ Inches)**

Delicias: Ringmass **40 (15,87 mm)**, Länge **124 mm ($4\frac{7}{8}$ Inches)**

HOYO DE MONTERREY

Der Katalane José Gener, zuvor verantwortlich für die früher berühmtem La-Escepción-Zigarren, gründete 1865 diese weltbekannte Marke. Ein schmiedeeisernes Tor in dem Dorf San Juan y Martinez im Vuelta Abajo mit der Aufschrift »Hoyo de Monterrey De José Gener 1860« führt zu einer der ersten Plantagen Kubas, die Gener einst gehörte. Die *vega fina* liefert bis heute mit die besten Havanna-Um- und -Einlageblätter. *Hoyo* bezeichnet im Spanischen eine Grube oder Senke im Feld – und damit gute Wasserdurchlässigkeit, die für Tabakblätter von hoher Qualität unerlässlich ist.

Hoyos de Monterrey sind allgemein mild, leicht duftig und fein – für manchen zu eintönig, doch von Kennern geschätzt als elegante Zigarren für jede Tageszeit. Früher war die Marke auf große Zigarren spezialisiert; 1970 kam die Serie *Le Hoyo* mit kleineren, »zugänglicheren« Zigarren hinzu.

Die berühmteste Hoyo ist die *double corona*. Diese großen, reichen, aber delikaten Zigarren werden in der Manufaktur La Corona produziert und waren im Zigarrenboom der 1990er sehr gefragt. Begrenzte Liefermengen führten dazu, dass *aficionados* beinahe alles taten, um sie zu kriegen. Wie die Mitte der 90er-Jahre mit den gewaltigen *particulares* vom Markt genommenen, kürzlich aber wieder eingeführten *Churchills* tragen sie eine andere Bauchbinde als andere Hoyos – viel größer und prachtvoller. Auch die *Epicure No. 1* und *No. 2* (*robusto*) sind einen Versuch wert, wenn man hochwertige milde Zigarren mag – der Rest des Sortiments kann da nicht immer mithalten.

Hoyos altern nicht besonders gut, müssen das aber meistens auch nicht. Der britische »Design-Guru«, Zigarrenliebhaber und Restaurantbesitzer Terence Conran, der 2004 einen Nachbau von Havannas berühmter Bar Floridita und einen »Casa del Habano«-Zigarrenladen nach London brachte, raucht vom Morgenkaffee an vier oder fünf *Epicure No. 2* am Tag. »Sie haben genug Geschmack, sind aber nicht zu aggressiv«, urteilt er.

Im Jahr 2000 legten die Kubaner eine ganze Reihe von *Edición limitada* (limitierter Ausgaben) führender Marken vor, außer von Hoyo de Monterrey auch von Cohiba, Montecristo, Romeo y Julieta und Partagas. Sie tragen jüngere, dickere, öligere Deckblätter, die von höheren Teilen der Tabakpflanze als gewöhnlich geerntet werden. Solche Blätter verwendete man früher nicht für den Export. Um einen aufdringlichen Geschmack zu vermeiden, müssen sie länger fermentiert werden als normale Deckblätter und mindestens zwei Jahre reifen. Oft sehen sie dunkel und recht fleckig aus. Die limitierten Ausgaben enthalten Formate, die nicht im Standardsortiment enthalten sind: etwa Hoyo de Monterrey *particulares* (235 mm, Ringmaß 47/18,65 mm) und *piramides*. Zudem tragen sie eine zweite Bauchbinde mit der Aufschrift *Edición limitada*.

General Cigar produziert eine ausgezeichnete, aber sehr unterschiedliche honduranische Ausgabe von Hoyo de Monterrey. Die Zigarren sind fein, mild und vollaromatisch – besonders die großen Formate wie *President*, *Churchill*, *Rothschild* und *Governors*.

Le Hoyos *sind etwas würziger und körperreicher als der Rest des Sortiments, und die derzeitigen* Le Hoyos *(bis vor kurzem gab es sieben Typen, jetzt nur noch drei) sind alle recht schlank.*

Double coronas: Ringmass **49 (19,45 mm)**, Länge **194 mm (7⅝ Inches)**

Churchills: Ringmass **47 (18,65 mm)**, Länge **178 mm (7 Inches)**

Epicure No. 1 Ringmass **46 (18,26 mm)**, Länge **143 mm (5⅝ Inches)**

Epicure No. 2: Ringmass **50 (19,84 mm)**, Länge **124 mm (4⅞ Inches)**

Le hoyo des dieux: Ringmass **42 (16,67 mm)**, Länge **136 mm (6⅛ Inches)**

Die Manufaktur Hoyo de Monterrey (vor der Revolution im Besitz der Familie Palicio) stellte vor Gründung der kubanischen Marke Davidoff die Zino-Davidoff-Reihe Château *her, und die* Le Hoyos *wurden ursprünglich nach ihrem Vorbild gestaltet. Allerdings waren frühe* Le Hoyos *nicht sonderlich gut gemacht und brannten oft zu schnell ab. Nun gibt es nur noch 14 Formate im Standardsortiment der Marke (einschließlich der* Le Hoyos *und einem Hülsenformat) gegenüber 24 Formaten einige Jahre zuvor. Maschinelle Fertigung gibt es bei Hoyo de Monterrey nicht mehr.*

LE HOYO DU ROI: RINGMASS **42 (16,67 mm)**, LÄNGE **140 mm (5½ Inches)**

HOYO CORONAS: RINGMASS **42 (16,67 mm)**, LÄNGE **140 (5½ Inches)**

PALMAS EXTRA: RINGMASS **40 (15,87 mm)**, LÄNGE **140 mm (5½ Inches)**

LE HOYO DU PRINCE: RINGMASS **40 (15,87 mm)**, LÄNGE **129 mm (5⅛ Inches)**

SHORT HOYO CORONAS: RINGMASS **42 (16,67 mm)**, LÄNGE **129 mm (5⅛ Inches)**

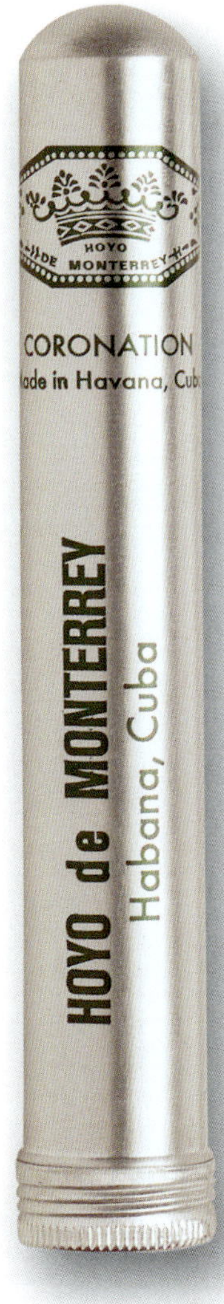

CORONATIONS: RINGMASS **42 (16,67 mm)**, LÄNGE **129 mm (5⅛ Inches)**

Die honduranischen Versionen stimmen in einigen Details nicht mit der kubanischen Marke überein. So unterscheiden sich die Bauchbinden durch das Fehlen des Wortes »Habana« und die Farbe, denn sie sind nicht Rot und Gold, sondern Kastanienbraun. Die Tabakpflanzen werden aus kubanischem Saatgut gezogen. Das honduranische Sortiment ist nicht zu verwechseln mit Hoyo de Monterrey Excalibur (in Europa Excalibur) (siehe eigener Eintrag auf S. 148) – die Bauchbinden sind in diesem Fall jedoch sehr ähnlich.

Le hoyo du gourmet: Ringmass **33 (13,10 mm)**, Länge **170 mm (6¾ Inches)**

Le hoyo du depute: Ringmass **38 (15,08 mm)**, Länge **110 mm (4⅜ Inches)**

Le hoyo du maire: Ringmass **30 (11,91 mm)**, Länge **102 mm (4 Inches)**

Café Royal (tubos): Ringmass **43 (17,07 mm)**, Länge **149 mm (5⅞ Inches)**

Part – Edición Limitada: Ringmass **47 (18,65 mm)**, Länge **235 mm (9¼ Inches)**

Piramides – Edición Limitada: Ringmass **52 (20,64 mm)**, Länge **152 mm (6 Inches)**

H. UPMANN

Die Marke H. Upmann zählt zu den bekanntesten Havannas mit einer reichen Historie und sie ist mit dem Gründungsjahr 1844 auch eine sehr alte kubanische Marke. Der offiziellen, wenn auch nicht unangezweifelten Version zufolge wurde sie von Herman Upmann gegründet, einem aus Deutschland stammenden Bankier, der nach Kuba ausgewandert und in die Zigarrenbranche eingestiegen war. 1922 übernahm die britische Zigarrenfirma J. Frankau & Co. sein Unternehmen und verkaufte es 1937 an Menendez y García, die es bis zur Revolution behielten. 1944 wurde zum 100-jährigen Jubiläum eine neue Manufaktur in der Innenstadt von Havanna eröffnet. Bis November 2003 fertigte man die Upmanns in der Manufaktur in der Calle Amistad, einem beliebten Ziel für Zigarrentouristen. Dann zog die Produktion in ein renoviertes Gebäude in der Vorstadt Vedado um. Berühmt ist die Marke unter anderem für die Einführung der Zedernholzkiste in ihrer heute bekannten Form. Davor wurden Zigarren bündelweise oder in Laden verkauft. »Brand«, das englische Wort für Marke, kommt möglicherweise daher, dass der Name der Firma mit einem heißen Eisen auf die Kisten gebrannt wurde. Auch die mit Zedernholz ausgelegte Aluminiumhülse ist eine Erfindung von H. Upmann aus den 1930er-Jahren.

Upmann-Havannas bieten einen milden, leichten bis mittelstarken Rauchgenuss, ideal für Einsteiger (von den größten Formaten abgesehen), Tages- und Gelegenheitsraucher. Die bisweilen mangelhafte Herstellungsqualität kann allerdings (besonders bei kleineren Formaten) zu Überhitzung führen. Zurückzuführen ist dies möglicherweise auf die große Auswahl von Formaten, von denen einige identisch sind (etwa *monarchas* und *Sir Winston* bzw. *petit coronas* und *regalias*). Einige wenige Formate werden in Hülsen verkauft. Das Sortiment von einst über 30 Typen wurde inzwischen reduziert, ist aber immer noch sehr umfangreich. Heute gibt es etwa 14 handgemachte Formate (inklusive Hülsen-Versionen), maschinell gefertigt werden drei in Zellophan und eines in Hülsen (*singulares*). Die Fabrikzigarren sollen in den nächsten Jahren auslaufen. Außerdem ist eine *Edición limitada Upmanns* geplant.

Die Verpackung der dominikanischen Versionen von Altadis ist sehr ähnlich. Hauptunterschied: Auf den nichtkubanischen Etiketten, Bauchbinden und Hülsen steht nicht »H. Upmann Habana«, sondern »H. Upmann 1844«. Die Zigarren sind erstklassig und im Allgemeinen leicht bis mittelstark. Es gibt sieben Reihen mit jeweils mehreren Zigarren, die den kubanischen Gegenstücken entsprechen. Der dominikanische Grundtyp besteht aus schattenkultivierten indonesischen Deckblättern (der Sorte TBN), dominikanischen Umblättern und brasilianischer Einlage. Die *Vintage*-Serie verwendet Deckblätter aus Kamerun, nicaraguanische Umblätter und Einlagen aus der Dominikanischen Republik, Nicaragua und Peru. Die edle *Reserve*-Reihe hat ecuadorianische Sumatra-Deckblätter und Umblätter aus *Connecticut Broadleaf*, die Einlagemischung stammt aus der Dominikanischen Republik, Peru und Nicaragua. Die vollaromatischen *2000*-Zigarren werden aus rötlich braunen Habana-2000-Deckblättern, nicaraguanischen Umblättern und einer dominikanisch-brasilianischen Einlagemischung gefertigt. Daneben gibt es die Reihen *Chairman's Reserve* und *Anniversary*.

Größere Formate wie monarcas *und* Upmann No. 2 *(eine* piramide*) sind besonders lohnende und ziemlich gehaltvolle Zigarren, die gut nach einem Abendessen passen. Die* Connossieur No. 1 *ist, obwohl etwas schlanker als diese, im Grunde eine* robusto *und ebenfalls sehr gut.*

Monarcas: Ringmass **47 (18,65 mm),** Länge **178 mm (7 Inches)**

Monarcas tubos: Ringmass **47 (18,65 mm),** Länge **178 mm (7 Inches)**

Sir Winston: Ringmass **47 (18,65 mm),** Länge **178 mm (7 Inches)**

Upmann No. 2: Ringmass **52 (20,64 mm),** Länge **156 mm (6⅛ Inches)**

Magnum 46: Ringmass **46 (18,26 mm),** Länge **143 mm (5⅝ Inches)**

Connossieur No. 1: Ringmass **48 (19,05 mm),** Länge **127 mm (5 Inches)**

Upmann-Kisten ziert das Wappen von Alfonso XII., einem spanischen König des 19. Jahrhunderts, elf Goldmedaillen, die die Marke im 19. Jahrhundert weltweit gewonnen hat, sowie der Schriftzug »This is my Signature« und die Signatur »H. Upmann«.

MAJESTIC: RINGMASS **40 (15,87 mm)**, LÄNGE **140 mm (5½ Inches)**

PETIT CORONAS: RINGMASS **42 (16,67 mm)**, LÄNGE **129 mm (5⅛ Inches)**

REGALIAS: RINGMASS **42 (16,67 mm)**, LÄNGE **129 mm (5⅛ Inches)**

CORONAS MAJOR: RINGMASS **42 (16,67 mm)**, LÄNGE **132 mm (5¼ Inches)**

CORONAS MINOR: RINGMASS **40 (15,87 mm)**, LÄNGE **117 mm (4⅝ Inches)**

CORONAS JUNIOR TUBOS: RINGMASS **36 (14,29 mm)**, LÄNGE **114 mm (4½ Inches)**

CORONAS JUNIOR: RINGMASS **36 (14,29 mm)**, LÄNGE **114 mm (4½ Inches)**

Kubanische Upmanns gibt es mit zwei verschiedenen Bauchbinden: den klassischen rot-goldenen und einfacheren braunen, ähnlich denen von Montecristo (ebenfalls im Besitz von Menendez y García). Die beiden Zigarren rechts außen stammen aus der Dominikanischen Republik, die drei in Zellophan verpackten sowie das Hülsenformat sind maschinell gefertigte Havanna-Upmanns.

Epicures: Ringmass **35 (13,89 mm)**, Länge **110 mm (4⅜ Inches)**

Aromaticos: Ringmass **42 (16,67 mm)**, Länge **129 mm (5⅛ Inches)**

Belvederes: Ringmass **39 (15,48 mm)**, Länge **127 mm (5 Inches)**

Petit Upmann: Ringmass **31 (12,30 mm)**, Länge **117 mm (4⅝ Inches)**

Singulares: Ringmass **40 (15,87 mm)**, Länge **127 mm (5 Inches)**

Lonsdales: Ringmass **42 (16,67 mm)**, Länge **165 mm (6 ½ Inches)**

Pequenos No. 100: Ringmass **50 (19,84 mm)**, Länge **102 mm (4 Inches)**

José L. Piedra

Die Piedras kamen im 19. Jahrhundert aus dem spanischen Asturien nach Kuba. Sie siedelten nahe der Stadt Santa Clara im Herzen des Vuelta Abajo in der Provinz Pinar del Rio, wo die besten Havanna-Blätter wachsen. José Lamadrid Piedra gründete die Marke 1880 und binnen Kurzem zählte sie zu den berühmtesten Havannas. In den 1940er- und 50er-Jahren erfreute sich die Marke, die nach wie vor in Familienbesitz war (nun von José L. Piedra III. geführt), in den USA großer Beliebtheit. Daher gingen die Verkäufe durch das US-Embargo stark zurück.

Die Marke hat eine bunte Geschichte: einst handgemacht, dann in den frühen 1990ern fast eingestellt, seit 1996 als *Country Cigars* maschinengebunden und von Hand vollendet, aus Tabak, der allerdings nicht mehr aus der bedeutenden Provinz Pinar del Rio stammte. Seit einem kürzlichen *Relaunch* kommen die Pflanzen aber wieder aus Vuelta Abajo. Die Zigarren werden von Hand nach der *tripa-corta*-Methode mit kurzen Einlagen hergestellt. Sie sind relativ preiswert, kommen aber an die handgemachten *tripa-longa*-Havannas (mit langen Einlageblättern) nicht heran. Es gibt sechs Formate, alle mit dunklem Deckblatt – fünf davon sind sich sehr ähnlich. Die eher bodenständigen Zigarren, zu denen Kenner für gewöhnlich nicht greifen, haben mittleren bis vollen Geschmack.

Cazadores: Ringmass **43 (17,07 mm)**, Länge **152 mm (6 Inches)**

Conservas: Ringmass **44 (17,46 mm)**, Länge **140 mm (5½ Inches)**

Cremas: Ringmass **40 (15,87 mm)**, Länge **135 mm (5⅜ Inches)**

Nacionales: Ringmass **42 (16,67 mm)**, Länge **132 mm (5¼ Inches)**

Juan Lopez

Vom spanischen Geschäftsmann Juan Lopez Diaz in den 1870er-Jahren gegründet, hat sich diese Marke sehr schnell als Spitzen-Havanna etabliert. Nach Diaz' Tod Anfang des 20. Jahrhunderts wurde sie an die Firma Cosme del Peso verkauft, wonach sich ihr Ansehen sogar noch vergrößerte. Besonders beliebt war sie bis zur Zeit der Revolution; nach Castros Machtübernahme schränkte man den Vertrieb ein (zeitweise war sie nur in Spanien erhältlich), weswegen sie schwer zu bekommen ist. Liebhaber schätzten Juan-Lopez-Zigarren (früher Flor de Juan Lopez genannt) als sehr milden, duftigen Rauchgenuss für den Tag. Bis Mitte der 1990er führte die Marke fünf Formate (mit Namen wie *patricias*, *placeras* und *slimaranas*), dann nur mehr zwei. In den späten 1990ern wurde die Auswahl von Namen und Formaten geändert. Vor allem jedoch änderte sich die Mischung. Heute hat die Marke mittleres bis starkes Aroma. Jetzt gibt es auch wieder fünf Formate, aus denen die *Selección No. 1* (*corona gorda*) und *No. 2* (*robusto*) herausragen.

Selección No. 1: Ringmass **46 (18,26 mm)**, Länge **143 mm (5⅝ Inches)**

Selección No. 2: Ringmass **50 (19,84 mm)**, Länge **124 mm (4⅞ Inches)**

Coronas: Ringmass **42 (16,67 mm)**, Länge **143 mm (5⅝ Inches)**

Petit coronas: Ringmass **42 (16,67 mm)**, Länge **129 mm (5⅛ Inches)**

La Flor de Cano

Diese 1884 von den Brüdern Tomás und José Cano gegründete Marke war immer recht selten, wurde nur eingeschränkt produziert und auch nicht weitläufig vertrieben. Bis heute gibt es sie nur in ein paar Ländern. Doch schwerer als ihre Verfügbarkeit wiegt die Tatsache, dass sich im Lauf der Zeit auch ihr Charakter stark gewandelt hat. Einst eine sehr gute, feine, größtenteils handgemachte Marke mit langer Einlage und mildem Geschmack, bietet sie heute nur noch vier Formate, die alle nichts Besonderes sind. Zwei davon (*selectos* und *petit coronas,* siehe unten) folgen der *tripa-corta*-Methode (mit kurzer Einlage), zwei (*preferidos* und *predilectos*, siehe unten) werden maschinengefertigt. Alte Flor de Canos (aus den 1990er-Jahren und früher), etwa *diademas*, *Short Churchill* (eine *robusto*) und *gran corona* (ein trügerischer Name – sie ist viel kürzer), sind inzwischen Sammlerstücke. Die *coronas* mit langer Einlage (in Wirklichkeit *petit coronas*) gab es bis 2002; in manchen Läden könnten sie also noch vorrätig sein.

Selectos: Ringmass **41 (16,27 mm)**, Länge **149 mm (5⅞ Inches)**

Petit coronas: Ringmass **40 (15,87 mm)**, Länge **124 mm (4⅞ Inches)**

Preferidos: Ringmass **36 (14,29 mm)**, Länge **127 mm (5 Inches)**

Predilectos tubulares: Ringmass **40 (15,87 mm)**, Länge **124 mm (4⅞ Inches)**

La Gloria Cubana

Tainos: Ringmass **47 (18,65 mm)**, Länge **178 mm (7 Inches)**

Medaille d'or No. 2: Ringmass **43 (17,07 mm)**, Länge **170 mm ($6\frac{3}{4}$ Inches)**

Eine Marke mit einer langen, aber unterbrochenen Tradition: Sie wurde 1885 gegründet und 1905 von José F. Rocha & Co. aufgekauft. 1954 übernahm sie die Cifuentes-Familie und verlegte die Produktion in die Partagas-Manufaktur. Nach der kubanischen Revolution wurde die Marke eingestellt, tauchte aber in den 70er-Jahren (oder späten 60ern) bei Partagas wieder auf. Ende der 90er wurden dann verschiedene Formate (etwa *minutos, tapados, sabrosas* und *cetros*) eingestellt. Heute gibt es die Marke nur noch in einigen Ländern. Die reichen, aromatischen und leicht würzigen Zigarren mit mittlerem Körper sind leichter als Partagas und heute in fünf Formaten lieferbar. Die *tainos* sind sehr gute After-Dinner-Zigarren; *Medaille d'or*, eine Reihe (*No. 1–4*) von schlankeren Zigarren, liegen in hübsch lackierten Kisten in 8-9-8-Anordnung und sind für Tagesraucher empfehlenswert. Gloria Cubanas sind ziemlich lang. *Medaille d'or No. 3* und *4* gehören geschmacklich und von der Verarbeitung her zu den besten schlanken Zigarren.

Es gibt eine sehr gute dominikanische Version der Marke, die früher in den USA hergestellt wurde. Einige Zigarren sind nach ehemaligen Havanna-Formaten benannt, und auch *Medailles d'or* sind im Sortiment. Verpackung und Bauchbinden sind originalgetreu. In Europa werden diese Zigarren als El Credito verkauft (siehe eigenen Eintrag auf S. 146).

Medaille d'or No. 1: Ringmass **36 (14,29 mm)**, Länge **185 mm ($7\frac{1}{4}$ Inches)**

Medaille d'or No. 3: Ringmass **28 (11,11 mm)**, Länge **175 mm ($6\frac{7}{8}$ Inches)**

MONTECRISTO

Montecristo ist seit über zwei Jahrzehnten die meistverkaufte sowie vielleicht bekannteste Havanna und war vor dem offiziellen Start der Cohiba die angesehenste und meistgeschätzte Marke der Welt.

Die ersten Montecristos (benannt nach Dumas' Roman *Der Graf von Monte-Cristo*, der in kubanischen Manufakturen einst besonders gerne vorgelesen wurde) entstanden 1935 in der Particulares-Manufaktur, deren Inhaber Alonso Menendez (auch Hersteller der Byron-Zigarren) sie zu einer der hochwertigsten Zigarren machen wollte. 1936 tat er sich mit José Manuel García zusammen, dem ehemaligen Geschäftsführer der Partagas-Manufaktur, und gründete Menendez y García. Die Marke entstand in Zusammenarbeit mit den britischen Zigarrenimporteuren John Hunter, Morris & Elkan Ltd. (deren Leiter der Entwurf des berühmten Signets mit den gekreuzten Schwertern zugeschrieben wird) sowie Alfred Dunhill Ltd. Verfügbar war sie anfangs nur in begrenzten Mengen zu hohen Preisen und in lediglich fünf nummerierten Formaten, die in Dunhills Läden in London und New York verkauft wurden und bei reichen Rauchern im Big Apple sehr beliebt waren. Einer der ersten Montecristo-Fans war Filmregisseur Alfred Hitchcock.

1937 kauften Menendez y García H. Upmann und verlegten die Produktion in die Upmann-Manufaktur. In den Nachfolgern dieser Manufaktur werden Montecristos bis heute hergestellt, seit der Revolution aber auch anderswo (zum Beispiel in den Manufakturen Laguito und Partagas).

Im Rest der Welt setzte sich die Marke erst nach dem Zweiten Weltkrieg richtig durch. In den 50er-Jahren kam ein neues Format hinzu (*tubos*), 1971 vier weitere: die massive Montecristo *A* (besonders beliebt bei Wirtschaftskapitänen und Filmstars), *especial* und *especial No. 2* mit gedrehten Kappen und *joyitas*. Etwas später folgten *No. 6* und *No. 7* (beide schlank), die aber wieder gestrichen wurden. Bis 2004 gab es elf Formate, dann wurde in Paris die *Edmundo* (nach Edmond Dantes, dem Helden des Dumas-Romans) vorgestellt. Die vollaromatische Zigarre mit einem für Montecristo einmaligen Format – 135 mm bei Ringmaß 52/20,69 mm – entsteht in der Partagas-Manufaktur.

Montecristos haben einen charakteristisch strengen, aromatischen, mittleren bis vollen Geschmack und leicht ölige Deckblätter. Die *No. 2*, eine *piramide*, ist ein Klassiker mit sehr vollem Körper, *No. 4* die meistverkaufte Montecristo. Auch *No. 1* und *No. 3* sind empfehlenswert. Nur Montecristo *A* und *No. 2*, deren Mischung eine vierte Blattsorte enthält, gewinnen beim Altern.

Nach der Revolution wanderte die Familie Menendez auf die Kanaren aus und gründete die (später in der Dominikanischen Republik produzierte) Marke Montecruz, deren Kisten und Bauchbinden der Montecristo täuschend ähnlich sind und die eine der ersten Marken mit Deckblättern aus Kamerun war. Weitere Verwirrung stiftete, dass die Consolidated Cigar Corporation (heute Altadis) Mitte der 90er eine dominikanische Version von Montecristo in den USA startete. Verpackung und Bauchbinden des Grundsortiments (*Connecticut-Shade*-Deckblätter, Umblätter und Einlage aus der Dominikanischen Republik) sind der kubanischen Montecristo ähnlich, der Aufdruck »M y G« (Menendez y García) statt »Habana« unterscheidet sie aber.

Montecristo A: Ringmass **47 (18,65 mm)**, Länge **235 mm (9¼ Inches)**

Montecristo No. 2: Ringmass **52 (20,64 mm)**, Länge **156 mm (6⅛ Inches)**

Montecristo No. 1: Ringmass **42 (16,67 mm)**, Länge **165 mm (6½ Inches)**

Montecristo tubos: Ringmass **42 (16,67 mm)**, Länge **156 mm (6⅛ Inches)**

Die Exportverkäufe der Marke übertreffen die anderer Havannas immer noch bei weitem: In den 1980ern waren sie zeitweise gar so hoch wie alle anderen kubanischen Marken zusammen. Die gewaltige Nachfrage hat zu dem – von den Kubanern zurückgewiesenen – Verdacht geführt, Montecristos hielten in manchen Ländern (etwa Spanien) nicht ganz, was der Name verspricht. Jedenfalls sind sie aufgrund ihrer Popularität deutlich teurer als weniger berühmte Havannas.

Die Mischung wird dem legendären torcedor José Manuel Gonzalez zugeschrieben, aufgrund seiner Kunstfertigkeit masinguilla (»der Masseur«) genannt. Er soll auch für die Beständigkeit der Marke nach der Revolution gesorgt haben.

Montecristo No. 3: Ringmass **42 (16,67 mm)**, Länge **140 mm (5½ Inches)**

Petit tubos: Ringmass **42 (16,67 mm)**, Länge **129 mm (5⅛ Inches)**

Montecristo No. 4: Ringmass **42 (16,67 mm)**, Länge **129 mm (5⅛ Inches)**

Montecristo No. 5: Ringmass **40 (15,87 mm)**, Länge **102 mm (4 Inches)**

Montecristo especial: Ringmass **38 (15,08 mm)**, Länge **190 mm (7½ Inches)**

Zur Jahrtausendwende produzierten die Kubaner eine limitierte Edition der robusto in Keramikhülsen. Weitere Edición-limitada (vgl. Hoyo de Monterrey, S. 78) Montecristos waren 2001 eine spezielle double corona und 2003 die Montecristo C (142 mm, Ringmaß 46/18 mm).

Montecristo especial No. 2: Ringmass 38 (15,08 mm), Länge **152 mm (6 Inches)**

Joyitas: Ringmass **26 (10,32 mm)**, Länge **114 mm (4½ Inches)**

Edmundo: Ringmass **52 (20,64 mm)**, Länge **135 mm (5 ⅓ Inches)**

Links eine dominikanische Montecristo. Das Grundsortiment besteht aus guten Zigarren von mittlerem Aroma. No. 1 *und* No. 2 *entsprechen in der Größe ihren kubanischen Gegenstücken (allerdings nicht exakt). Weitere Serien (mit Unterschieden in Verpackung, Stärke und Mischung) sind die Montecristo* White *und die Montecristo* Platinum.

PARTAGAS

Partagas, 1845 von dem spanischen Geschäftsmann Don Jaime gegründet, ist eine der ältesten noch produzierten Havanna-Marken und eine der bekanntesten. Die alte Manufaktur nahe dem Capitolio Nacional in Havanna (Industria Nr. 520) ist eine Attraktion für Touristen und nicht nur eine der wichtigsten in Kuba, sondern herausragend, was die Produktion von Zigarren mit vollerem Körper angeht. Im späten 19. Jahrhundert wurde die Marke an José Bance verkauft und im 20. Jahrhundert bis zur Revolution von der Familie Cifuentes geführt. Besonders beliebt war sie in den 20er- und 30er-Jahren; Evelyn Waugh erwähnt sie in seinem Roman *Rückkehr nach Brideshead* (1945).

Wie viele sehr alte Marken hatte Partagas ein umfangreiches Sortiment (in den späten 90ern über 40 Formate), viele davon maschinell hergestellt. Es wurde inzwischen reduziert, umfasst aber immer noch 20 handgemachte Sorten (darunter drei in Hülsen) und nur noch zwei maschinell gefertigte: *chicos* (in Zellophan) und die kuriosen *culebras* – die aus drei verflochtenen Zigarren bestehen. Partagas ist die einzige Havanna-Marke, die dieses Format führt.

Für ein echtes Partagas-Erlebnis sollte man zu den größeren Formaten greifen – von denen die meisten exzellent sind –, einige kleinere scheinen bisweilen nicht so gut gemacht zu sein. Die berühmte *lusitania* (eine *double corona*, 194 mm lang, Ringmaß 49/19,45 mm) ist außerordentlich gut gemacht, hat ein exzellentes Bouquet und leicht süßen, vollen Geschmack. Die *Churchill de luxe* und die kürzlich eingeführte *presidentes* (außer den *cuabas* die einzige *figurado*-Havanna) sind ebenfalls erstklassige Zigarren. Die Serie *D No. 4* mit der auffälligen Bauchbinde, seit 1975 wieder im Angebot, ist typisch für die Qualitäten der größeren Formate, und trotz ihres starken, manchmal etwas bitteren Nachgeschmacks ist sie unter Kennern die beliebteste kubanische *robusto* – ideal nach einem schweren Mahl. Die *No. 4* soll als *Selección reserva* (mit mindestens drei Jahre gereiften Blättern) produziert werden. Im Jahr 2000 erschien eine spezielle *Edición limitada piramide*. Partagas sind dunkler als der Havanna-Durchschnitt, für gewöhnlich *colorado claro* oder *colorado*, und sie reifen besonders gut nach.

General Cigar stellt eine dominikanische Ausgabe der Marke her. Statt *Habana* tragen diese Zigarren das Jahr *1845* auf der Bauchbinde. Das Grundsortiment besteht aus Kamerun-Deckblättern, mexikanischem Umblatt und einer Einlagemischung aus dominikanischem und mexikanischem Tabak. Es gibt eine umfassende Auswahl von Formaten, einige davon nummeriert. Sie sind sehr gut gemacht, mild, etwas süß und haben mittleres bis volles Aroma. Hergestellt werden sie von General Cigar, ursprünglich unter Leitung von Ramon Cifuentes und Benjamin Menendez von den berühmten kubanischen Zigarren-Familien. Es gibt einige Spezialserien, etwa *Limited Reserve*, die grüne statt roter Bauchbinden tragen und teurer als der Rest des (nicht billigen) Sortiments sind. *Limited-Reserve*-Zigarren bestehen aus Kamerun-Deckblättern und Einlagen aus dominikanischem (*piloto cubano*) und mexikanischem Tabak. Sie werden in begrenzten Mengen hergestellt und speziell gereift. Partagas *Black Label* haben einen volleren Körper, und die Serie *S* besteht aus *figurados* mit Kamerun-Deckblatt. Die ausgezeichneten dominikanischen Partagas sind in den USA sehr gefragt (besonders *No. 1* und *No. 10*).

Lusitanias: Ringmass **49 (19,45 mm)**, Länge **194 mm ($7\tfrac{5}{8}$ Inches)**

Churchills de luxe: Ringmass **47 (18,65 mm)**, Länge **178 mm (7 Inches)**

Presidentes: Ringmass **47 (18,65 mm)**, Länge **158 mm ($6\tfrac{1}{4}$ Inches)**

Serie D No. 4: Ringmass **50 (19,84 mm)**, Länge **124 mm ($4\tfrac{7}{8}$ Inches)**

Partagas ist eine der meistverkauften kubanischen Marken – mit einer treuen Fangemeinde unter Liebhabern erdiger Zigarren mit vollem Körper und angenehmem Aroma. Anfängern sind sie indes nicht zu empfehlen. Manche Experten sagen, die Marke sei seit Mitte der 1990er insgesamt milder geworden.

Auch die 8-9-8 *(im Grunde eine etwas längere* Lonsdale*) in polierten Kisten ist zu empfehlen. Sie gleicht im Wesentlichen der* Partagas de Partagas No. 1*, die nicht in 8-9-8-Sortierung, sondern in normalen Kisten verpackt wird.*

8-9-8: Ringmass **43 (17,07 mm)**, Länge **170 mm (6¾ Inches)**

Partagas de Partagas No. 1: Ringmass **43 (17,07 mm)**, Länge **170 mm (6¾ Inches)**

Coronas: Ringmass **42 (16,67 mm)**, Länge **140 mm (5½ Inches)**

Super Partagas: Ringmass **40 (15,87 mm)**, Länge **140 mm (5½ Inches)**

Petit coronas especiales: Ringmass **44 (17,46 mm)**, Länge **132 mm (5¼ Inches)**

Mille fleurs: Ringmass **42 (16,67 mm)**, Länge **129 mm (5⅛ Inches)**

Aristocrats: Ringmass **40 (15,87 mm)**, Länge **129 mm (5⅛ Inches)**

Shorts: Ringmass **42 (16,67 mm)**, Länge **110 mm (4⅜ Inches)**

Partagas de Luxe: Ringmass **40 (15,87 mm)**, Länge **140 mm (5½ Inches)**

Die Serie D *hat ihren Namen daher, dass es einst vier Serien* (A, B, C *und* D*) gab, mit jeweils vier Zigarren von unterschiedlicher Länge, aber gleichem Umfang (Serie* A *hatte das Ringmaß 38/15,08 mm). Sie alle trugen Bauchbinden wie Serie* D *und liefen Mitte der 1960er aus. 2001 jedoch wurde die Serie* D No. 3 *und 2003 die* No. 2 *in begrenzter Auflage (*Edición limitada*) wieder belebt.*

Die coronas *sind gut gemacht und reich an Geschmack. Die Zigarren der* Serie du Connaisseur *(*No. 1, 2 *und* 3*) sind deutlich besser verarbeitet als viele schlanke Zigarren und brennen gut.*

Coronas senior: Ringmass **44 (17,46 mm),** Länge **132 mm ($5\frac{1}{4}$ Inches)**

Coronas junior: Ringmass **40 (15,87 mm),** Länge **117 mm ($4\frac{5}{8}$ Inches)**

Serie du Connaisseur No.1: Ringmass **38 (15,08 mm),** Länge **192 mm ($7\frac{1}{2}$ Inches)**

Serie du Connaisseur No.2: Ringmass **38 (15,08 mm)**, Länge **166 mm (6½ Inches)**

Serie du Connaisseur No.3: Ringmass **35 (13,89 mm)**, Länge **143 mm (5⅝ Inches)**

Princess: Ringmass **35 (13,89 mm)**, Länge **127 mm (5 Inches)**

Habaneros: Ringmass **39 (15,48 mm)**, Länge **124 mm (4⅞ Inches)**

Die Kubaner planen, die Marke künftig gänzlich von Hand herzustellen; eine gute Idee, denn maschinengefertigte Partagas sind an kubanischen Maßstäben gemessen nicht zufrieden stellend.

Culebras: Ringmass **39 (15,48 mm)**, Länge **145 mm (5¾ Inches)**

Chicos: Ringmass **29 (11,51 mm)**, Länge **106 mm (4⅛ Inches)**

Limited Reserve Royale: Ringmass **43 (17,07 mm)**, Länge **170 mm (6¾ Inches)**

Die Zigarre ganz rechts auf dieser Seite ist eine dominikanische Partaga von General Cigars. Die beiden anderen stammen aus kubanischer Herstellung, sind allerdings maschinell gefertigt.

Por Larrañaga

Dies ist die älteste Havanna-Marke, die bis heute produziert wird (gegründet 1834 von Ignacio Larrañaga), und zu ihrer Zeit war sie eine der berühmtesten. Heute jedoch ist sie nur noch ein Schatten ihrer selbst. Ihre großen Tage waren die der *Larrañaga magnum*, deren Produktion 1970 eingestellt wurde.

In den frühen 90er-Jahren bestand das Sortiment aus nur noch vier manuell und einem halben Dutzend maschinell gefertigte Formate (die Firma war die Erste, die Zigarren mit der Maschine produzierte). Die handgemachten wurden dann eingestellt und Larrañaga wurde zur reinen Fabrikzigarre. Neuerdings wurde sie auf recht bizarre Art neu gestartet, mit vier Formaten: der *Monte Carlo* mit langer Einlage, *panatelas* (*tripa corta*), maschinell produzierten (und zellophanierten) *lolas en cedro* (in Zedernholz gepackt) und *juanitos*. Sie schmecken mild bis mittelstark, während die Marke einst für ihre dunklen, rötlichen, öligen Deckblätter und ihren reichen, mächtigen, mittleren bis vollen Geschmack bekannt war.

Altadis lässt in der Dominikanischen Republik erstklassige Zigarren herstellen, die den Namen der Havanna-Marke (und ähnliche Bauchbinden) tragen. Sie schmecken mild bis mittelstark, aber reich und sind aus *Connecticut-Shade*-Deckblättern sowie dominikanischen Umblättern und Einlagen außerordentlich gut gemacht. Die *fabuloso* (weitgehend eine *Churchill*) ist einen Versuch wert.

Monte Carlo: Ringmass **33 (13,10 mm)**, Länge **170 mm (6¾ Inches)**

Panatelas: Ringmass **37 (14,68 mm)**, Länge **127 mm (5 Inches)**

Lolas en cedro: Ringmass **42 (16,67 mm)**, Länge **129 mm (5⅛ Inches)**

Fabulosos: Ringmass **50 (19,84 mm)**, Länge **178 mm (7 Inches)**

PUNCH

PUNCH IST eine der ältesten noch heute produzierten Havanna-Marken. Gegründet hat sie Manuel Lopez von Juan Valle & Co. 1840 (einige Quellen behaupten allerdings, sie sei von einem Deutschen namens Stockman eingetragen und 1884 an Lopez verkauft worden). Lopez' Name steht nach wie vor auf Bauchbinden und Kisten. Um 1930 gehörte sie der Firma Palicio und wurde in der Manufaktur von Hoyo de Monterrey hergestellt. Fernando Palicio, der auch La Escepción und Belinda produzierte, trug mit dazu bei, das Format der halben *corona* (*petit Punch*) zu popularisieren, besonders in Großbritannien. Nach der Revolution lief die Produktion ohne Unterbrechung weiter und in den 70ern war Punch eine der beliebtesten Havanna-Marken, obwohl sie nie überallhin exportiert wurde und in einigen Ländern immer noch nicht erhältlich ist.

Früher gab es ein umfangreiches Sortiment (in den späten 90ern etwa 40 Formate), viele davon maschinell gefertigt, größtenteils bei La Corona (nach der Revolution in Fernando Roig umbenannt). Das Sortiment ist immer noch groß, doch sind es nun nur noch 14 handgemachte Formate, darunter vier in Hülsen und zwei (*belvederes* und *cigarillos*) zellophanierte Maschinenformate, deren Einstellung aber geplant ist. Ursprünglich zielte die Marke auf den britischen Markt, daher auch der Name, der entweder auf das berühmte Satiremagazin *Punch* oder auf die Marionette, nach der das Magazin benannt ist, zurückgeht. Die Figur des Zigarre rauchenden Mr. Punch ist noch heute auf den Kisten der Marke abgebildet.

Punch-Zigarren sind mild bis mittelstark und leicht süß im Geschmack. Die besten haben ein bemerkenswertes Bouquet und würziges Aroma. Sie sind preiswerter als viele Havannas und besonders bei Einsteigern beliebt. Vielleicht deshalb werden sie von manchem unberechtigterweise gering geschätzt. Ein wenig Kritik mag allerdings am Platz sein, denn bei einem so großen Sortiment leidet bisweilen die Qualität. Man sollte sich an die großen Formate halten, etwa die *Punch Punch* (die gut nachreift), *Churchill* und *double corona*, deren Mischung über die Jahre hinweg beständig geblieben ist.

Es gibt auch eine honduranische Punch, die Frank Llaneza von Villazon (heute ein Tochterunternehmen von General Cigar) schon 1969 begründete. Doch obwohl die Verpackung (besonders die Aluminiumhülsen) gleich ist, unterscheiden sich glücklicherweise die Namen der Zigarren größtenteils von denen der Havannas. Das honduranische Sortiment umfasst 14 Formate sehr gut gemachter Zigarren. Die Standard-Serie bietet typisch reichen, vollen honduranischen Geschmack (die Einlagemischung besteht aus honduranischen, nicaraguanischen und dominikanischen Blättern, mit Umblättern aus *Connecticut Broadleaf* und ecuadorianischen *Sumatra-Seed*-Deckblättern). Viele Formate gibt es in mehreren Deckblattfarben, einige in Hülsen. Die Reihe *Punch gran puro* hat vollen Körper und besteht ganz aus honduranischem Tabak, während die *Deluxe*- und die *Gran-Cru*-Serie eher feinen, aber ebenso reichen Geschmack bieten. Die *Deluxe*-Serie hat volles Aroma, die mittelstarke, weiche *Gran Cru* (mit honduranischen, nicaraguanischen und dominikanischen *piloto-cubano*-Einlageblättern, Umblättern aus *Connecticut Broadleaf* und *Connecticut-Shade*-Deckblättern) ist das Flaggschiff der Marke.

Viele Punch-Zigarren mit unterschiedlichen Namen haben das gleiche oder ein sehr ähnliches Format. Es gab nicht weniger als sechs coronas gordas *(etwas dicker und länger als normale* coronas*), nämlich die* nectares No. 2, Selección de luxe No. 1, Black Prince Super Selection No. 2, Royal Selection No. 11 *und* Punch Punch. *Die ersten beiden liefen in den 1980er-Jahren aus, zwei weitere 2002. Heute sind nur noch die letzten beiden im Sortiment.*

Double coronas: Ringmass **49 (19,45 mm),** Länge **194 mm ($7\frac{5}{8}$ inches)**

Churchills: Ringmass **47 (18,65 mm),** Länge **178 mm (7 inches)**

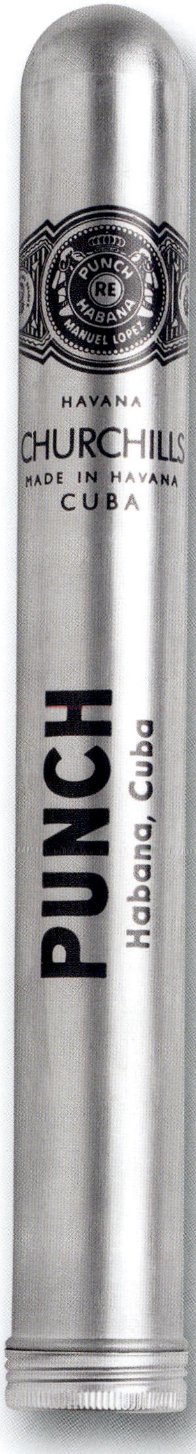

Churchills tubos: Ringmass **47 (18,65 mm),** Länge **178 mm (7 inches)**

Punch Punch: Ringmass **46 (18,26 mm),** Länge **143 mm ($5\frac{5}{8}$ inches)**

Royal selection No. 11: Ringmass **46 (18,26 mm),** Länge **143 mm ($5\frac{5}{8}$ inches)**

Super selection No. 1: Ringmass **42 (16,67 mm),** Länge **156 mm ($6\frac{1}{8}$ inches)**

Die berühmte Marke Macanudo, ursprünglich von den Palicios in Jamaika produziert, war ein Ableger von Punch. Macanudo (siehe eigener Eintrag S. 152) war einst der Name eines beliebten Punch-Formats.

Coronas: Ringmass **42 (16,67 mm)**, Länge **143 mm (5⅝ Inches)**

Petit coronas del Punch: Ringmass **42 (16,67 mm)**, Länge **129 mm (5⅛ Inches)**

Royal selection No. 12: Ringmass **42 (16,67 mm)**, Länge **129 mm (5⅛ Inches)**

Petit Punch: Ringmass **40 (15,87 mm)**, Länge **102 mm (4 Inches)**

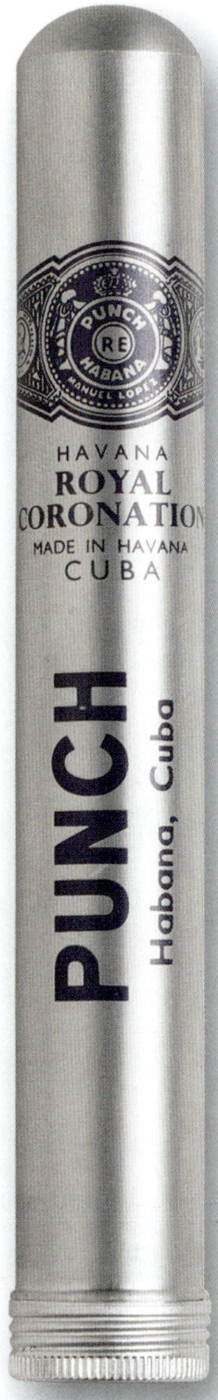

Royal coronations: Ringmass **43 (17,07 mm)**, Länge **145 mm (5¾ Inches)**

Coronations: Ringmass **42 (16,67 mm)**, Länge **129 mm (5⅛ Inches)**

Die Marke ergatterte den wohl größten Einzelauftrag aller Zeiten, als die britischen Importeure Melbourne Hart sieben Millionen Zigarren zur Verteilung an britische Soldaten, die im Ersten Weltkrieg an der Westfront kämpften, bestellten. Die beiden zellophanierten Zigarren stammen aus Maschinenfertigung, die zwei Zigarren rechts außen aus Honduras.

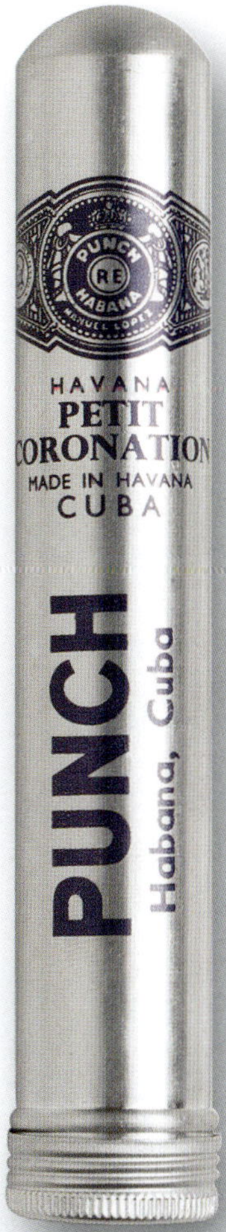

PETIT CORONATIONS: RINGMASS **40 (15,87 mm)**, LÄNGE **117 mm (4⅝ Inches)**

MARGARITAS: RINGMASS **26 (10,32 mm)**, LÄNGE **20 mm (4¾ Inches)**

BELVEDERES: RINGMASS **39 (15,48 mm)**, LÄNGE **127 mm (5 Inches)**

CIGARRILLOS: RINGMASS **29 (11,51 mm)**, LÄNGE **106 mm (4⅛ Inches)**

SUPERIORES DE LUXE: RINGMASS **48 (19,05 mm)**, LÄNGE **140 mm (5 ½ Inches)**

MONARCAS: RINGMASS **48 (19,05 mm)**, LÄNGE **170 mm (6¾ Inches)**

Quai d'Orsay

Die Marke Quai d'Orsay wurde, wie der Name es andeutet, 1973 für den französischen Markt kreiert. Das Quai d'Orsay ist ein Viertel in Paris am linken Seineufer, Heimat des französischen Außenministeriums und der damaligen staatlichen Monopolgesellschaft SEITA. Die Marke wird auch für andere Länder produziert, ist in Frankreich jedoch am leichtesten zu finden. Die vier aus langen Einlageblättern vollständig handgemachten, milden Formate haben hellbraune (*claro*) oder mittelbraune (*colorado claro*) Deckblätter und sind ausgezeichnete Zigarren mit leicht süßem, würzigem Geschmack. Einfach verpackt und banderoliert, sind sie alle einen Versuch wert.

Imperiales: Ringmass **47 (18,65 mm)**, Länge **178 mm (7 Inches)**

Panatelas: Ringmass **33 (13,10 mm)**, Länge **178 mm (7 Inches)**

Gran coronas: Ringmass **42 (16,67 mm)**, Länge **156 mm (6⅛ Inches)**

Coronas claro: Ringmass **42 (16,67 mm)**, Länge **143 mm (5⅝ Inches)**

Quintero

Ein robuster Rauchgenuss, aber keine besonders alte oder bemerkenswerte Marke. Sie wurde in den 1920er-Jahren von Augustín Quintero und seinen vier Brüdern in der Stadt Cienfuegos (auf dem Etikett erwähnt) an der Südküste Kubas gegründet und galt deshalb nicht als Havanna, bis die Marke 1940 in die Hauptstadt umzog und fortan Vuelta-Abajo-Tabak verwendete. Früher war Spanien der Hauptabnehmer, heute ist die Marke weit verbreitet. Obwohl es bis in die 70er-Jahre einige handgemachte Formate gab, wurden viele Quinteros maschinell gefertigt. In den frühen 90er-Jahren wurde die Marke ausschließlich maschinell produziert, aber einige Quinteros gab es auch in maschinengebündelten *hand-finished*-Versionen. Das Sortiment war immer groß, heute gibt es aber nur noch fünf Formate. Vier davon werden nach der *tripa-corta*-Methode (handgemacht, aber mit minderwertiger kurzer Einlage) gefertigt, die *puritos* entstehen an der Maschine und sind in Zellophan verpackt. Es sind recht billige und gewöhnliche Havannas, obwohl sie ihre Freunde haben. Die handgemachten Formate sind von mittelstarkem Geschmack.

Brevas: Ringmass **40 (15,87 mm),** Länge **140 mm (5½ Inches)**

Nacionales: Ringmass **40 (15,87 mm),** Länge **140 mm (5½ Inches)**

Panatelas: Ringmass **37 (14,29 mm),** Länge **127 mm (5 Inches)**

Londres extra: Ringmass **40 (15,87 mm),** Länge **124 mm (4⅞ Inches)**

RAFAEL GONZALEZ

Der Name dieser Marke, die um 1930 von dem spanischen Aristokraten Marquez Rafael Gonzalez gegründet wurde, hat sich im Lauf der Jahre leicht verändert. Ursprünglich hieß sie La Flor de Marquez, dann (nach der Übernahme durch die Firma El Rey del Mundo) Flor de Rafael Gonzalez. Heute wird sie meistens Rafael Gonzalez genannt, obwohl der volle Name auf Bauchbinden und Kisten steht (mit dem Zusatz »Marquez«). Die braun-weißen Bauchbinden sind denen von Montecristo sehr ähnlich.

Rafael-Gonzalez-Zigarren strahlen in jeder Hinsicht Klasse aus und sind der Favorit anspruchsvoller Raucher. Ihr Ansehen war immer hoch (Zino Davidoff etwa pries sie 1967 in *The Connoisseur's Book of the Cigar*). Zusätzlichen Reiz gibt ihnen der relativ gemäßigte Preis, zu dem sie verkauft werden. Sie sind sehr gut gemacht, brennen gleichmäßig und haben, obgleich mild, einen sanften, reichen und feinen Geschmack sowie ein vielschichtiges Aroma.

Die *Lonsdale* (165 mm lang, Ringmaß 42/16,67 mm), kreiert für den britischen Aristokratensportler Lord Lonsdale, sollte man versuchen. Die *corona extra* und die *petit corona* sind ebenso vorzüglich. Selbst die *cigarrito*, mit einem sehr schlanken Ringmaß von 26/10,32 mm, ist gut zu rauchen. Anfänger sollten zu dieser Marke greifen und Raucherinnen werden an dem milden Geschmack und eleganten kleineren Zigarren wie den *slenderellas* – von für dieses Format ungewöhnlich hoher Qualität – großen Gefallen finden. Die Zahl der Sorten ist vor ein paar Jahren reduziert worden (*petit Lonsdale*, *tres petit Lonsdale* und *demi tasse* wurden eingestellt), statt neun gibt es nun sechs Formate mit langer Einlage und eines, die *panatela extra* (siehe S. 109), nach *tripa-corta*-Methode. Die Marke ist nur in wenigen Ländern erhältlich und wird in erster Linie in der Romeo-y-Julieta-Manufaktur hergestellt (seit der Revolution Briones Montoto), wo auch ihre Schwestermarke El Rey del Mundo entsteht.

Rafael-Gonzalez-Zigarren zielten ursprünglich auf den britischen Markt, und auf der Kiste steht (auf Englisch): »Diese Zigarren wurden aus einer geheimen Mischung reiner Vuelta-Abajo-Tabake hergestellt, ausgewählt von dem spanischen Edelmann Rafael Gonzalez. Die Marke besteht seit mehr als 20 Jahren. Damit der Connaisseur den Wohlgeruch in vollem Umfang genießen kann, sollten sie entweder innerhalb eines Monats nach dem Tag der Verschiffung von Havanna geraucht werden oder etwa ein Jahr lang reifen.« Lord Lonsdale war ein großer Zigarrenliebhaber; seine Fotografie zierte bis Mitte der 80er-Jahre die Innenseite des Deckels und die Seite der Kiste.

Coronas extra: Ringmass **46 (18,26 mm)**, Länge **143 mm ($5\frac{5}{8}$ Inches)**

Lonsdales: Ringmass **42 (16,67 mm)**, Länge **165 mm ($6\frac{1}{2}$ Inches)**

Petit coronas: Ringmass **42 (16,67 mm)**, Länge **129 mm ($5\frac{1}{8}$ Inches)**

Slenderellas: Ringmass **28 (11,11 mm)**, Länge **175 mm ($6\frac{7}{8}$ Inches)**

Panatelas: Ringmass **34 (13,49 mm)**, Länge **117 mm ($4\frac{5}{8}$ Inches)**

Cigarritos: Ringmass **26 (10,32 mm)**, Länge **114 mm ($4\frac{1}{2}$ Inches)**

Panatelas extra: Ringmass **37 (14,68 mm)**, Länge **127 mm (5 Inches)**

RAMON ALLONES

Die zweitälteste noch bestehende Havanna-Marke wurde 1837 von dem aus Galizien nach Kuba emigrierten Ramon Allones und seinem Bruder Antonio gegründet. Allones war der erste Zigarrenhersteller, der lithografierte Etiketten zur Verzierung von Zigarrenkisten benutzte. Auf den farbenfrohen Kisten der Marke, die bis in die 1970er-Jahre golden waren, prangt immer noch das königlich spanische Wappenschild, jetzt auf leuchtend grünem Hintergrund. Die Marke verwendete auch als erste die 8-9-8-Verpackungsweise, bei der die Zigarren in tieferen, oft gefirnissten Kisten in einer Achterreihe unten, neun in der Mitte und acht oben angeordnet sind.

Leider ist die Marke heute nur noch ein Schatten früherer Größe. Ramon Allones (seit 1927 in der Partagas-Manufaktur hergestellt) waren die erste Wahl vieler Liebhaber von Zigarren mit vollem Körper. Das kleine, aber interessante Sortiment umfasste in den 1990ern acht handgemachte Formate (sowie einige maschinell produzierte). Jetzt gibt es nur noch drei handgemachte und drei einzeln zellophanierte maschinell gefertigte (*mille fleurs, belvederes* und eine Sorte mit dem etwas seltsamen Namen *Bits of Havana,* siehe S. 111). Die handgemachten Zigarren mit ihren dunklen, hochwertigen Deckblättern haben ein sehr deutliches Aroma, brennen gut und sind sehr gut verarbeitet, insbesondere die *gigantes* (eine doppelte *corona*) und *Specially selected* (eine um 1980 eingeführte *robusto*). Beide bieten einen intensiven Rauchgenuss nach einem ausgiebigen Mahl. Die Bauchbinden waren früher grün-weiß; seit den frühen 70ern sind sie meist rot-weiß-golden. Die maschinell gefertigten *Bits of Havana* tragen derzeit eine Version der alten Banderolen. Das Sortiment liegt im mittleren Preisbereich, ist aber nicht überall erhältlich.

Unter den früheren handgemachten Ramon Allones befanden sich *Club coronas*, *Allones No. 1*, *Allones extra*, *Private Stock* and *Ideals de Ramon*, die in den 70er-Jahren aus dem Sortiment genommen wurden. In den 80ern und 90ern folgten *palmitas*, *petit coronas*, *Ramondos* und *coronas*. Bis zum Start der ersten Dunhill-Havannas 1982 produzierte Ramon Allones zudem eine Auswahl von fünf Formaten für Dunhill Ltd.

Seit den späten 1970er-Jahren stellt General Cigar dominikanische Ramon Allones her – mit komplett anderen Bezeichnungen. Ursprünglich von Ramon Cifuentes entwickelt, hatten sie mittlere bis dunkle Kamerun-Deckblätter, mexikanische Umblätter und gemischte Einlagen aus dominikanischem, jamaikanischem und mexikanischem Tabak. Sie waren gut gemacht und mild bis mittel im Geschmack. Vor nicht allzu langer Zeit wurde die Mischung unter Leitung von Daniel Nuñez verändert; jetzt schmecken dominikanische Ramon Allones reicher und voller. Verarbeitet werden speziell gezüchtete dominikanische *La-Vega-Especial*-Deckblätter sowie Umblätter aus *Connecticut Broadleaf* und eine Einlagemischung aus nicaraguanischem *ligero* und dominikanischem *piloto cubano ligero* (*Cuban Seed*). Die kleine Auswahl mit veränderten Formatnamen besteht nur aus Zigarren mit großem Ringmaß (siehe S. 111, rechts außen).

Gigantes: Ringmass 49 (19,45 mm), Länge 194 mm (7⅝ Inches)

Specially selected: Ringmass 50 (19,84 mm), Länge 124 mm (4⅞ Inches)

Small club coronas: Ringmass 42 (16,67 mm), Länge 110 mm (4⅜ Inches)

Mille fleurs: Ringmass 42 (16,67 mm), Länge 129 mm (5⅛ Inches)

Belvederes: Ringmass 39 (15,48 mm), Länge 127 mm (5 Inches)

Bits of Havana: Ringmass 29 (11,51 mm), Länge 106 mm (4⅛ Inches)

Maestro: Ringmass 54 (21,44 mm), Länge 140 mm (5½ Inches)

ROMEO y JULIETA

Heute eine der berühmtesten und verbreitetsten Havanna-Marken, wurde Romeo y Julieta 1875 ursprünglich gegründet, um Zigarren für den einheimischen Markt in Kuba herzustellen. Ihren internationalen Erfolg verdankt die nach Shakespeares Stück benannte Marke »Pepin« Rodriguez Fernandez, dem ehemaligen Leiter der Cabanas-Manufaktur, der diese 1903 wegen der Übernahme durch American Tobacco verließ und mit seinen Ersparnissen die unbekannte Manufaktur Romeo y Julieta kaufte. Der Name ihrer vormaligen Besitzer Rodriguez, Arguelles y Cia steht heute noch auf den Bauchbinden. Dank seiner unermüdlichen, ja besessenen Bemühungen auf Reisen in alle Welt wurde Romeo y Julieta in kaum zwei Jahren zur weltweit führenden Marke. Daraufhin mussten er und seine 1400 Mitarbeiter in eine größere Manufaktur umziehen (seit der Revolution Briones Montoto genannt).

Teil von Fernandez' Werbestrategie war der Druck von bis zu 20.000 verschiedenen Bauchbinden, die Zigarren für Staatsoberhäupter, Berühmtheiten und Großkunden zierten. Seine größte Zigarre benannte er nach Winston Churchill. Zigarren desselben Formats trugen zuvor die Namen Prince of Wales (später Edward VII.) und des französischen Regierungschefs zur Zeit des Ersten Weltkriegs, Georges Clemenceau. Besonders beliebt ist die mittelpreisige Marke in Großbritannien.

Als weitere Werbegags taufte Pepin ein Rennpferd auf den Namen Julieta und versuchte, das mutmaßliche Haus der Capulet in Verona zu erwerben – allerdings vergeblich. Man gestattete ihm einen Stand unter dem Balkon, wo bis 1939 jeder Besucher kostenlos eine Zigarre erhielt, zum Andenken an die unglücklichen Liebenden und selbstverständlich als Werbung für die Marke. In den 40er- und 50er-Jahren kamen *figurados* ins Sortiment, wurden aber in den 60er- und 70er-Jahren wieder eingestellt. Bis 1982 produzierte Romeo y Julieta eine Dunhill-*Selección* für Alfred Dunhill Ltd.

Wie bei alten Marken üblich, war das Sortiment groß: über 40 Formen und Formate, darunter auch maschinell gefertigte. Letztere gibt es heute nicht mehr, doch obwohl das Sortiment stark reduziert wurde, umfasst es immer noch 22 Sorten (vier davon in Hülsen); Romeo y Julieta ist also nach wie vor die größte kubanische Marke für handgemachte Zigarren mit langer Einlage. Viele sind exzellente, klassische Zigarren, aber bei einer derartigen Auswahl und Produktionsmenge, die nur von Montecristo übertroffen werden, entspricht zwangsläufig nicht jede Zigarre den Anforderungen. Im Allgemeinen ist die Marke mild bis mittelstark, die *Churchill* (mit goldenen Bauchbinden; die der Reihe *Cedros de luxe* sind golden auf Grün, alle anderen auf Rot) hat volleren Geschmack und ein beeindruckendes Aroma – die Hülsenversion allerdings ist meist nicht so gut gereift. Alle Romeo y Julietas reifen gut nach. 2000 wurde für eine *Limited Edition* die *exhibición No. 2* kreiert, 2001 gefolgt von einer *robusto* einer speziellen *Edición limitada*; ebenso einmalig war die *hermoso No. 1* (165 mm, Ringmaß 48/19 mm) einer weiteren *Limited Edition*.

Churchills: Ringmass **47 (18,65 mm)**, Länge **178 mm (7 Inches)**

Churchills: Ringmass **47 (18,65 mm)**, Länge **178 mm (7 Inches)**

Exhibición No. 3: Ringmass **46 (18,26 mm)**, Länge **143 mm ($5\frac{5}{8}$ Inches)**

Belicosos: Ringmass **52 (20,64 mm)**, Länge **140 mm ($5\frac{1}{2}$ Inches)**

Die belicosos (piramide*) sind ebenfalls ausgezeichnet. Für kleine Zigarren sind die* petit Julietas *überraschend reich und gut gemacht.*

Exhibicion No. 4: Ringmass 48 (19,05 mm), Länge 127 mm (5 Inches)

Cazadores: Ringmass 43 (17,07 mm), Länge 162 mm (6⅜ Inches)

Coronas: Ringmass 42 (16,67 mm), Länge 140 mm (5½ Inches)

Petit coronas: Ringmass 42 (16,67 mm), Länge 129 mm (5⅛ Inches)

Mille fleurs: Ringmass 42 (16,67 mm), Länge 129 mm (5⅛ Inches)

Regalias de londres: Ringmass **40 (15,87 mm)**, Länge **117 mm ($4\frac{5}{8}$ Inches)**

Tres petit coronas: Ringmass **40 (15,87 mm)**, Länge **117 mm ($4\frac{5}{8}$ Inches)**

Petit princes: Ringmass **40 (15,87 mm)**, Länge **102 mm (4 Inches)**

Cedros de luxe No. 1: Ringmass **42 (16,67 mm)**, Länge **165 mm ($6\frac{1}{2}$ Inches)**

Cedros de luxe No. 2: Ringmass **42 (16,67 mm)**, Länge **140 mm ($5\frac{1}{2}$ Inches)**

Die cedros de luxe*, in Zedernholz gehüllt, sind alle sehr gut, besonders die* No. 2. *Auch die* corona *ist eine gute Zigarre und viele Kenner schätzen die* exhibición No. 4 (robusto-*Format) als Abschluss eines ausgiebigen Mahls.*

Cedros de Luxe No. 3: Ringmass 42 (16,67 mm), Länge 129 mm ($5\frac{1}{8}$ Inches)

Coronitas en cedro: Ringmass 40 (15,87 mm), Länge 129 mm ($5\frac{1}{8}$ Inches)

Romeo No. 1: Ringmass 40 (15,87 mm), Länge 140 mm ($5\frac{1}{2}$ Inches)

Romeo No. 2: Ringmass 42 (16,67 mm), Länge 129 mm ($5\frac{1}{8}$ Inches)

Romeo No. 3: Ringmass 40 (15,87 mm), Länge 117 mm ($4\frac{5}{8}$ Inches)

Weitere nichtkubanische Romeo y Julietas: Die milde bis mittelstarke Reihe 1875 *besteht aus indonesischen TBM-Deckblättern aus Schattenkultur, dominikanischem Umblatt und Einlage und trägt (inkl.* Churchill*) dieselben Bezeichnungen wie die kubanischen Originale.*

Wie der Name ahnen lässt, haben die Zigarren der Reihe Reserve maduro *(mit schwarzem Etikett) volleren Körper. Sie bestehen aus* Connecticut-Broadleaf-*Deckblättern, nicaraguanischen Umblättern und einer Einlagemischung von Tabak aus Nicaragua, Peru und der Dominikanischen Republik.*

Die reichere Aniversario-*Serie (mit schwarzen Bauchbinden) hat ecuadorianische Sumatra-Deckblätter,* Connecticut-Broadleaf-*Umblätter und eine Einlagemischung aus Peru, der Dominikanischen Republik und Nicaragua.* Reserve-real-*Zigarren werden aus ecuadorianischen* Connecticut-Shade-*Deckblättern, nicaraguanischen Umblättern und dominikanisch-nicaraguanischer Einlage gefertigt.*

Belvederes: Ringmass **39 (15,48 mm)**, Länge **127 mm (5 Inches)**

Sports Largos: Ringmass **35 (13,89 mm)**, Länge **117 mm (4⅝ Inches)**

Petit Julietas: Ringmass **30 (11,91 mm)**, Länge **102 mm (4 Inches)**

Als Beispiel für eine der Altadis-Reihen aus der Dominikanischen Republik sieht man hier rechts eine Petit Numero Dos.

SAINT LUIS REY

DIESE ZIGARREN wurden bis in die 1990er-Jahre ausschließlich nach Großbritannien exportiert. Heute gibt es sie in mehreren Ländern; leicht erhältlich sind sie jedoch nicht, auch weil sie in der Manufaktur Romeo y Julieta (Briones Montoto) nur in begrenzten Mengen hergestellt werden. Das ist schade, denn es sind Spitzenzigarren mit vollem Körper für den anspruchsvollen Raucher – geschätzt von früheren Film- und Unterhaltungsstars wie Frank Sinatra und James Coburn –, die auch einen höheren Bekanntheitsgrad verdient hätten.

Die Marke wurde um 1940 von der (offenbar in britischem Besitz befindlichen) Firma Zamora y Guerra registriert, exklusiv für die britischen Importeure Nathan Silverstone und Michael de Keyser. Nach der Revolution führte Cubatabaco die Geschäftsverbindung weiter. Bis vor kurzem wurden nicht viele Zigarren hergestellt. Zwischen 2000 und 2002 hat sich der Anteil der Marke am Havanna-Export aber fast verdoppelt.

Es konkurrieren zwei verschiedene Theorien über den Ursprung des Namens. Der allgemein anerkannten Version zufolge beruht er auf Thornton Wilders Roman *Die Brücke von San Luis Rey* (1927) bzw. dessen erfolgreicher Verfilmung von 1944 mit Akim Tamiroff und Alla Nazimova. Eine andere Theorie führt ihn auf die Stadt San Luis im Herzen von Vuelta Abajo zurück, wo der beste kubanische Tabak wächst. Vielleicht liegt die Wahrheit in der Mitte und die Gründer ließen sich von beiden Aspekten des klangvollen Namens inspirieren.

Die Deckblätter der Saint Luis Reys sind von höchster Qualität: mild, ölig und dunkel. Der Geschmack der Zigarren ist intensiv, aber wesentlich feiner als bei bekannteren Marken mit vollem Körper, wie etwa Partagas oder Bolivar. Und sie haben ein superbes, charakteristisches Aroma. Zeitweise gab es neun Formate (darunter die in den 1970er-Jahren abgeschaffte torpedoförmige *Pyramide No. 1*), heute nur noch sechs, von denen drei (*Churchill*, *corona* und *petit corona*) auch in eleganten weißen Hülsen erhältlich sind. 2001 wurde eine sehr begrenzte Anzahl von *double coronas* produziert. Die Ringmaße der Zigarren liegen zwischen 42/16,67 mm und 48/19,05 mm). Die reichste Auswahl bieten die von vielen Kennern bevorzugte Serie *A* (bis in die 70er-Jahre gab es auch eine etwas längere und dickere Serie *B*) und die *regios* (eine *robusto*), aber auch die übrigen Formate sind sehr gut bis exzellent.

Es existiert eine honduranische Marke Saint Luis Rey, die Altadis produziert. Sie war einige Zeit vom Markt verschwunden, wurde aber neu aufgelegt und liefert heute acht verschiedene Formate (darunter *Churchill*, *belicoso* und *Rothschild*). Diese extrem guten, geschmackvollen und würzigen Zigarren haben nicaraguanische (die *maduro*-Versionen costa-ricanische) Deckblätter, nicaraguanische Umblätter und eine Einlagemischung von Tabaken aus Honduras, Nicaragua und Peru. *Rothschild* und *belicoso* erhielten vom *Cigar Insider* die Bewertung 90, ebenso wie die *corona* vom *Cigar Aficionado*.

Unterscheiden muss man Saint Luis Reys mit der Bezeichnung San Luis Rey, *die von 1980 bis 2000 in sehr kleinen Mengen für den deutschen Markt in Kuba handgefertigt wurde (fünf Formate), und den gleichnamigen deutschen Fabrikzigarren, die Villiger für den Massenmarkt herstellt. Die Havannas haben rot-goldene, die für Deutschland produzierten schwarz-goldene Bauchbinden. Wahrscheinlich dienten sie zur Vermarktung der Massenmarkt-Zigarren.*

Churchills: Ringmass **47 (18,65 mm)**, Länge **178 mm (7 Inches)**

Serie A: Ringmass **46 (18,26 mm)**, Länge **143 mm (5⅝ Inches)**

Regios: Ringmass **48 (19,05 mm)**, Länge **127 mm (5 Inches)**

Lonsdales: Ringmass **42 (16,67 mm)**, Länge **165 mm (6½ Inches)**

Coronas: Ringmass **42 (16,67 mm)**, Länge **140 mm (5½ Inches)**

Unten sieht man eine honduranische Saint Luis Rey, die Rothschild maduro *der Serie* Reserva especial.

San Cristobal

San Cristobal, im November 1999 gestartet, ist die derzeit jüngste Havanna-Marke und zählt (wie Cuaba und Vegas Robaina) zu den »Post-Boom-Marken«, die entwickelt und vermarktet wurden, um die Nachfrage nach Havannas zu erhalten, wechselnde Geschmäcke zu bedienen und der Konkurrenz aus der Dominikanischen Republik und anderswo zu begegnen. Die neuen Marken (deren Auswahl klein ist) haben den Vorteil, dass es keine Probleme mit den Warenzeichen gibt, und sind daher in einer guten Ausgangsposition, wenn das US-Embargo fallen sollte. San Cristobal de la Habana war der früher gebräuchliche Name der kubanischen Hauptstadt.

Die von der Manufaktur La Corona entwickelten und produzierten, stattlichen Zigarren sind extrem gut, reich, aromatisch, mild bis mittelstark – obwohl ihr Geschmack zur Zeit der Markteinführung wohl wesentlich voller war. Es gibt nur vier Formate, jeweils benannt nach einer der Verteidigungsfesten von Havanna, davon zwei ganz neue, die es nur von dieser Marke gibt: *La fuerza* (139 mm, Ringmaß 50/19,84 mm), eine etwas längere *robusto*, und *El morro* (180 mm, Ringmaß 49/19,45 mm), eine etwas dickere *Churchill*.

El morro: Ringmass **49 (19,45 mm)**, Länge **180 mm (7⅛ Inches)**

La fuerza: Ringmass **50 (19,84 mm)**, Länge **140 mm (5½ Inches)**

La punta: Ringmass **52 (20,64 mm)**, Länge **140 mm (5½ Inches)**

El príncipe: Ringmass **42 (16,67 mm)**, Länge **110 mm (4⅜ Inches)**

Sancho Panza

Eine alte Marke, die schon 1848 von dem Deutschen Emilio Olmstedt, dem Gründer von El Rey del Mundo, aus der Taufe gehoben wurde. Sie hatte keine große Bedeutung und wechselte mehrmals den Besitzer, bis sie in den 1930er-Jahren von El Rey del Mundo übernommen wurde.

Die Zigarren waren früher milder, heute sind sie mild bis mittelstark und gut tagsüber zu rauchen. Erfahrenen Connaisseuren sind sie (abgesehen von einem leicht salzigen Beigeschmack) etwas zu sanft, wenn sie nicht einige Jahre nachgereift sind. Auch die Qualität der Herstellung wird von Zeit zu Zeit bemängelt (sie brennen nicht immer so gut, wie sie sollten). Die größten Formate der Marke (*belicosos* und *sanchos*) sind ungewöhnlich milde Havannas. Einen Versuch wert sind die *molino* (eine *Lonsdale*) und die gut gemachte *coronas gigantes*.

Seit 2001 sind honduranische Sancho Panzas auf dem Markt. Sie sind voller im Geschmack als die kubanischen und von bemerkenswerter Qualität. Am besten erscheint dabei die Serie *double maduro,* die aus gereiften *Connecticut-Broadleaf*-Deckblättern, gereiften *maduro-Connecticut-Shade*-Umblättern sowie honduranisch-nicaraguanisch-dominikanischer Einlage besteht.

Sanchos: Ringmass **47 (18,65 mm)**, Länge **235 mm (9¼ Inches)**

Coronas gigantes: Ringmass **47 (18,65 mm)**, Länge **178 mm (7 Inches)**

Belicosos: Ringmass **52 (20,64 mm)**, Länge **140 mm (5½ Inches)**

Molinos: Ringmass **42 (16,67 mm)**, Länge **165 mm (6½ Inches)**

TRINIDAD

Im Februar 1998 mit nur einem Format offiziell eingeführt, waren die geheimnisumwitterten Trinidads die rarsten Havannas überhaupt. Benannt ist die Marke nach der Stadt La Santísima Trinidad (»Heilige Dreifaltigkeit«) an der kubanischen Südküste, die zum UNESCO-Weltkulturerbe gehört. Die Produktion begann 1969 bei El Laguito. Trinidads wurden in sehr kleinen Mengen hergestellt, exklusiv für das kubanische Regierungskabinett. Schon weil sie so gut wie nicht zu kriegen waren, wurden sie seither zu einer Art »Heiligem Gral« für Zigarrenenthusiasten aus der ganzen Welt. Bestätigt wurde die Existenz der Marke im Jahr 1992 von einem Journalisten, der die (bis dahin für ihre Cohibas berühmte) Manufaktur El Laguito besucht hatte. Über ihre Ursprünge wissen wir jedoch nichts Genaues.

Manche meinten, Fidel Castro selbst habe die Zigarren als exklusive Geschenke für Würdenträger aus dem Ausland erfunden, nachdem Cohibas im Handel erhältlich waren. Castro stritt seine Urheberschaft jedoch 1994 in einem Interview mehr oder weniger ab. Das französische Magazin *L'Amateur de Cigare* schrieb sie später einer Initiative des kubanischen Außenministers zu.

1997 beschlossen einige Diplomaten, die Zigarren, die sie überreicht bekommen hatten, zu versteigern. Sie machten einen guten Schnitt: Kisten mit 25 Trinidads erzielten je 10.000 und später im selben Jahr 15.500 Euro – über 600 Euro pro Zigarre. Infolge der sagenhaften Nachfrage, die solche Preise nahe legten, entschieden die Kubaner, die Trinidad offiziell in den Handel zu bringen. Emilia Tamayo, Leiterin der Manufaktur, stellte bei El Laguito ein Team zusammen, um sie marktreif zu machen. Die Trinidads, die schließlich in den Handel kamen, unterschieden sich aber von den ursprünglichen, nur an ein paar Auserwählte verteilten. Diese (*diplomats* genannt) empfanden einige Raucher als zu erdig und schwer. Das eine Format (*fundadores* = Gründer), in dem die Marke bis 2003 erhältlich war, hatte einen etwas größeren Umfang (Ringmaß 40/15,87 mm statt 38/14,9 mm) als die originale Diplomatenzigarre. Die Länge blieb bei 192 mm, aber die Mischung wurde geändert, um sie etwas feiner und weicher zu machen, weniger herb und reich. Ein größeres Sortiment war geplant, begierig erwartet von Zigarrenliebhabern, erschien aber erst im November 2003. Drei neue Formate kamen hinzu: Das kleinste ist die *reyes* (110 mm, Ringmaß 40/15,87 mm), es folgen die duftigen *coloniales* – sehr dicke *petit coronas* (Ringmaß 44/17,46 mm) – und schließlich die *robusto extra* (eine außergewöhnlich lange *robusto*). Die in London vorgestellten Zigarren kamen Anfang 2004 weltweit (die USA natürlich ausgenommen) in den Handel.

Der Tabak für die Trinidads kommt aus denselben Quellen wie die Blätter für die Cohibas. Das heißt, es ist die »Auswahl der Auswahl« aus den fünf besten *vegas* (Plantagen) in den Gegenden Juan y Martinez und San Luis in der Region Vuelta Abajo. Doch werden für Trinidad die Blätter zweimal gereift (wie bei anderen großen Marken), für die Cohiba indes dreimal. Dadurch haben Trinidads einen zugänglicheren, mittleren Geschmack.

Trinidads, so gut sie auch sind, sind sehr teuer und nicht für jeden etwas. Sie tragen simple goldene Bauchbinden mit dem Markennamen in Schwarz.

Fundadores: Ringmass 40 (15,87 mm), Länge 190 mm (7½ Inches)

Reyes: Ringmass 40 (15,87 mm), Länge 110 mm (4⅜ Inches)

Coloniales: Ringmass 44 (17,46 mm), Länge 129 mm (5⅛ Inches)

Robustos extra: Ringmass 50 (19,84 mm), Länge 152 mm (6 Inches)

Es existiert auch eine dominikanische Ausgabe der Trinidad (die Marke wurde geschäftstüchtigerweise schnell registriert) in acht Formaten (inklusive fundador*). Bauchbinde und Logo sind mit dem kubanischen Original identisch. Die Zigarren bestehen aus ecuadorianischen Sumatra-Deckblättern,* Connecticut-Broadleaf-*Umblättern und Einlageblättern aus Nicaragua, der Dominikanischen Republik sowie Peru und haben vollen Körper.*

Vegas Robaina

Im Jahr 1997 gestartet und ursprünglich nur in Spanien erhältlich, ist diese Marke nun weiter verbreitet. Benannt ist sie nach Don Alejandro Robaina, Kubas wohl berühmtesten Tabakzüchter, dessen Porträt die Kiste ziert. Dass die Robaina-Familie nach wie vor Eigentümer der Plantage ist, während die meisten anderen in Staatsbesitz sind, ist einer der Gründe für die hohe Qualität ihres Tabaks. Die Zigarren entstehen in der Manufaktur H. Upmann.

Vegas Robainas sind robust (manchmal etwas herb), deutlich kubanisch – nichts für Raucher, die Feines bevorzugen, und haben mittleren bis vollen Geschmack. Ein Problem der Vegas Robaina war, dass zur Steigerung der Produktivität *torcedores*, die an die Herstellung anderer Marken gewöhnt waren, für Robainas eingesetzt wurden, was ihrer Beständigkeit nicht zugute kam. Das scheint sich gebessert zu haben. Die *piramide*-förmigen *unicos* und die *familiar* (eine *corona*) lohnen einen Versuch. Beide haben vollen Körper und sind sehr würzig. Die *Don Alejandro* ist eine ebenso gute, würzige After-Dinner-Zigarre. Es gibt fünf große Formate der Marke. Wirklich beurteilen wird man die Zigarren erst können, wenn sie weiter gereift sind.

Don Alejandro: Ringmass **49 (19,45 mm)**, Länge **194 mm (7⅝ Inches)**

Unicos: Ringmass **52 (20,64 mm)**, Länge **156 mm (6⅛ Inches)**

Famosos: Ringmass **48 (19,05 mm)**, Länge **127 mm (5 Inches)**

Clásicos: Ringmass **42 (16,67 mm)**, Länge **165 mm (6½ Inches)**

Vegueros

Eine neue Marke (1998 international eingeführt), benannt zu Ehren der *vegueros* (Bauern), die Kubas Tabak anbauen. Äußerst ungewöhnlich für eine handgemachte Marke in Exportqualität ist, dass sie in der Manufaktur Francisco Donatien im Zentrum der Stadt Pinar del Rio hergestellt wird, im Herzen der Vuelta Abajo. Das 1868 errichtete Gebäude war einst ein Krankenhaus, dann ein Gefängnis. Seit 1961 dient es als Zigarrenmanufaktur, zunächst für den einheimischen Markt. Die Marke wurde in den frühen 1990-Jahren kreiert, ursprünglich zum Verkauf an zigarreninteressierte Touristen, die in die Region kamen. Nach ihrem lokalen Erfolg ging sie bald auch in den Export, zuerst nach Deutschland, Kanada und in die Schweiz, später auch nach Südafrika, Großbritannien und in andere Länder. Es gibt vier gut gemachte Formate, von denen drei – *marevas*, *especiales No. 1* und *2* – denen aus dem Montecristo-Sortiment gleichen, jedoch viel preiswerter sind und anders schmecken. Frühe Export-Vegueros sollen mild gewesen sein. Heute hat die Marke vollen Geschmack, ist ziemlich rau und lässt die Finesse der besten Havannas vermissen. Doch bieten Vegueros kubanischen Rauchgenuss zu relativ niedrigen Preisen und sehen mit ihren dunklen Deckblättern und schmucken grün-weiß-goldenen Bauchbinden auch noch sehr elegant aus.

Marevas: Ringmass **42 (16,67 mm),** Länge **129 mm ($5\frac{1}{8}$ Inches)**

Especiales No. 1: Ringmass **38 (15,08 mm),** Länge **190 mm ($7\frac{1}{2}$ Inches)**

Especiales No. 2: Ringmass **38 (15,08 mm),** Länge **152 mm (6 Inches)**

Seona: Ringmass **33 (13,10 mm),** Länge **127 mm (5 Inches)**

Nichtkubanische Herstellerländer

ZWAR KOMMEN die besten handgemachten Zigarren der Welt nach wie vor aus Kuba, aber in den letzten Jahrzehnten ist es auch anderen Ländern gelungen, Zigarren von höchster Qualität zu produzieren.

In der **Dominikanischen Republik** herrschen schon wegen der geografischen Nähe zu Kuba sehr gute Bedingungen für den Tabakanbau. Der Hauptmarkt für dominikanische Zigarren ist zugleich der größte der Welt – die USA. Zu den bekanntesten dominikanischen Blattsorten gehören der langsam brennende, vollaromatische *piloto cubano* (aus kubanischem Saatgut) und *olor*, der gut brennt und leicht süßlich schmeckt.

Die Hände eines Rollers in einer Zigarrenfabrik in La Palma auf Teneriffa, einer der Kanarischen Inseln, die für ihre Zigarrenproduktion bekannt sind.

Ein fast ebenso bedeutender Produzent handgemachter Zigarren ist **Honduras**. Honduranische Zigarren werden meist aus Einlagetabak von kubanischem Saatgut gefertigt, der ihnen vollen Körper gibt. Auch schattenkultivierte Pflanzen aus Connecticut-Samen und Tabak von anderswo, vor allem für Deckblätter, werden verwendet.

Nach Überwindung der politischen Turbulenzen und Naturkatastrophen der letzten drei Jahrzehnte zählt **Nicaragua** nun zu den größten Zigarrenexporteuren der Welt. Vollaromatische nicaraguanische Einlageblätter werden oft aus kubanischem Saatgut gezogen, die Deckblätter sind angenehm ölig.

Dunkle, pfefferige mexikanische Tabake verwendet man schon einige Zeit für Umblätter, nun dienen sie immer häufiger auch als Deckblätter, und um Einlagemischungen aus anderen Gegenden süßer und reicher zu machen. **Mexiko** hat eine lange Zigarrentradition und produziert selbst eine Reihe feiner Handgemachter. Der beste Tabak kommt aus dem San-Andres-Tal und wurde teilweise aus Sumatra-Saatgut gezogen.

Brasilianische Einlageblätter – aromatisch, süß und etwas pfefferig, aber relativ mild – sind heute sehr gefragt. Einige Marken verwenden auch Umblätter und dunkelbraune Deckblätter (von Sumatra-Saatgut) aus **Brasilien**.

Die Region La Romana in der Dominikanischen Republik.

Costa Rica findet als Produzent hochwertiger Einlageblätter langsam seinen Platz in der Zigarrenwelt. **Ecuador** hingegen hat keine nennenswerte Zigarrenindustrie, aber viele Marken aus anderen Ländern verwenden seine exzellenten Deckblätter (von Connecticut-Saatgut). Auch **Peru** wird als Einlagelieferant mehr und mehr interessant.

Connecticut Shade aus den **USA**, einer der besten und teuersten Deckblatt-Tabake der Welt, kommt gewöhnlich für Zigarren von mildem und mittlerem Geschmack zum Einsatz. Deckblätter liefert auch eine andere Sorte, *Connecticut Broadleaf*, die in der Sonne wächst, sehr dunkel und etwas spröde ist und für *maduro*-Zigarren verwendet wird.

Ein wichtiger Produzent hochwertiger Deckblätter (vor allem *Jember*) ist heute auch **Indonesien**. Aus Java kommt schattenkultivierter Tabak (TBN genannt). Indonesische Einlagen (meist von mittlerem Körper und pfefferig) und Umblätter sind auch in anderen Ländern sehr beliebt.

Seit einigen Jahren ist das westafrikanische **Kamerun** eine wichtige Quelle für Deckblatt-Tabak. Kamerunische Deckblätter aus Sumatra-Saatgut sind mittel- bis dunkelbraun und reich im Geschmack.

Die zu Spanien gehörenden **Kanarischen Inseln** liefern immer noch hochwertige Zigarren, sind aber längst nicht mehr so bedeutend wie in den 1960er- und 70er-Jahren, als viele emigrierte kubanische Zigarrenhersteller die Produktion dorthin verlegten.

Tabakfeld auf Java, dessen Spezialität schattenkultivierte Tabake (TBN) sind.

ARTURO FUENTE

Fuente ist einer der großen Namen in der Zigarrenwelt, mit einer beneidenswerten Reputation für gleich bleibend hohe Qualität. Die Geschichte der Familie geht Hand in Hand mit der Geschichte der Zigarrenherstellung außerhalb Kubas seit Anfang des 20. Jahrhunderts. 1898 verließ Don Arturo Fuente wie viele seiner Landsleute Kuba und ging nach Key West. Nachdem seine erste Manufaktur niedergebrannt war, begann er 1912 in Tampa in Florida mit der Produktion von *Clear Havannas* – den teuersten US-Zigarren ihrer Zeit, die aus kubanischen Blättern gerollt wurden. Als das US-Embargo dem ein Ende machte, verlegten die Fuentes (mittlerweile unter Leitung von Arturos Sohn Carlos) die Produktion nach Nicaragua – bis die Revolution der linksgerichteten Sandinisten in den späten 70ern auch dort die Produktion von Top-Zigarren unmöglich machte. Schließlich zog die Familie in die Dominikanische Republik und begann dort erneut mit der Zigarrenherstellung. Arturos Enkel stiegen ebenfalls ins Familiengeschäft ein, das seinen Hauptsitz seit 1980 in Santiago im Norden der Republik hat. Die Familie besitzt drei weitere Manufakturen und beschäftigt insgesamt ungefähr 1800 Angestellte, davon 500 bestens ausgebildete Zigarrenroller. Jährlich werden etwa 30 Millionen Zigarren produziert. Die Fuentes arbeiten mit einer anderen sehr alten Tabak-Familie zusammen: den Newmans, die seit 1895 in der US-Zigarrenindustrie tätig sind.

Auf ihrer Plantage Château de la Fuente bei El Caribe gelang den Fuentes, die auch andere Marken produzieren, als Ersten die Züchtung dominikanischer Deckblätter von hoher Qualität. Experten hatten dies aufgrund der örtlichen Bodenverhältnisse und des Klimas für unmöglich gehalten (bis dahin verwendeten die besten dominikanischen Zigarren Deckblätter aus Kamerun, Ecuador und Connecticut). Die Bemühungen erwiesen sich als Triumph, als eine Zigarre mit einem ihrer Deckblätter den Geschmackswettbewerb des *Cigar Aficionado* im Herbst 1994 gewann, noch ehe sie in den Handel kam. 1996 legten die Fuentes eine zweite Plantage für Deckblatt-Tabak an.

Das Standardsortiment, eines der meistverkauften in den USA, hat im Allgemeinen mittleren Körper. Es besteht aus dunkelbraunen Deckblättern aus Kamerun (oder hellerem *Connecticut Shade*) und Ecuador sowie dominikanischen Umblättern und Einlage. *Château Fuente royal salute* (193 mm, Ringmaß 54/21,4 mm), *canones* (216 mm, Ringmaß 52/20,6 mm) und *double Château Fuente* (172 mm, Ringmaß 50/19,8 mm) sind große, feine, geschmackreiche und sehr gut gemachte Zigarren. Die in Zedernholz verpackte *Château Fuente* (eine *robusto*) ist eine ausgezeichnete Zigarre ihres Typs. Sie hat dasselbe Format wie die ebenfalls exzellente *Rothschild*. Die *Hemingway*-Serie besteht aus großen, reichen, würzigen *figurados* (die exemplarische *masterpiece* ist 228 mm lang und hat Ringmaß 52/20,6 mm) mit sonnenkultivierten ecuadorianischen oder Connecticut-Deckblättern sowie dominikanischen Umblättern und Einlage. Weitere Top-Zigarren der Serie sind *classic* (178 mm, Ringmaß 48/19,05 mm), *signature* (152 mm, Ringmaß 47/18,65 mm) sowie *short story* (102 mm, Ringmaß 45/17,86 mm).

Don Carlos: Ringmass **52 (20,64 mm),** Länge **135 mm (5 ⅜ Inches)**

Sel Sup 4: Ringmass **43 (17,07 mm),** Länge **127 mm (5 Inches)**

Torpedpos No. IV: Ringmass **50 (19,84 mm),** Länge **120 mm (4 ¾ Inches)**

Opus X: Ringmass **48 (19,05 mm),** Länge **158 mm (6 ¼ Inches)**

Die reiche, elegante Reihe Fuente Opus X *(mit viel größeren und reicher verzierten Bauchbinden als andere Fuente-Zigarren) wurde 1995 mit den selbst gezüchteten örtlichen Deckblättern als Flaggschiff der Marke eingeführt und traf bei ernsthaften Zigarrenliebhabern sofort ins Schwarze – besonders die massive* reserva A *(235 mm), die torpedoförmige* reserva No. 2 *und die beeindruckende* robusto. *Begrenzte Produktionszahlen machen es Fans jedoch schwer, sie zu ergattern.*

Ashton

Die im Jahr 1985 von dem Tabakhändler Robert Levin aus Philadelphia gegründete hochwertige Marke ist ein Favorit vieler Liebhaber milder bis mittlerer Zigarren. Es gibt fünf Serien, alle produziert von der Fuente-Familie in der Dominikanischen Republik. Die Standard-Selektion (*Classic*) besteht aus 14 Formaten mittleren Geschmacks mit *Connecticut-Shade*-Deckblatt und dominikanischen Umblättern und Einlage.

Die Zigarren der 1988 eingeführten *Cabinet*-Serie reifen ein Jahr lang. Diese Reihe (acht Formate) ist etwas milder als die Standardauswahl und wird aus insgesamt sechs Tabaken komponiert. Die milden, aromatischen Zigarren mit *Connecticut-Shade*-Deckblättern sind alle *figurados* und tragen zierlichere Bauchbinden als die simplen weiß-gelben der Standardserie.

Die Reihe *Aged maduro* (sieben Formate) ist dunkel und süß und verwendet Deckblätter aus Connecticut *Broadleaf* (statt *Shade*). Die vollaromatische, höchst geschmackreiche und sehr gut gemachte Serie *Ashton VSG* (Virginia Sun Grown) mit ecuadorianischen Deckblättern kam 1999 auf den Markt und war sofort ein Erfolg. Noch erfolgreicher waren die fünf Formate der Serie *Heritage Puro Sol*, die Ashton im November 2003 vorstellte – sie erhielt die Wertung 90 im *Cigar Insider*. Sie ist die einzige Ashton-Reihe, die sonnenkultivierte Kamerun-Deckblätter trägt. Die Formate *magnum* (*robusto*) und *double robusto* (eine längere *robusto*) der Standardserie empfehlen sich als milder bis mittelstarker, aber aromatischer Rauchgenuss.

Spellbound: Ringmass **50 (19,84 mm)**, Länge **192 mm (7½ Inches)**

Sorcerer: Ringmass **49 (19,45 mm)**, Länge **178 mm (5¼ Inches)**

Robustos: Ringmass **50 (19,84 mm)**, Länge **140 mm (5½ Inches)**

Coronas Gordas: Ringmass **46 (18,26 mm)**, Länge **145 mm (5¾ Inches)**

Avo

Maestro: Ringmass 48 (19,05 mm), Länge 178 mm (7 Inches)

Preludio: Ringmass 40 (15,87 mm), Länge 152 mm (6 Inches)

Der in Beirut geborene Avo Uvezian ist Musiker und Komponist, hat an der berühmten Julliard-Musikschule studiert und war »persönlicher Pianist« des Schahs von Persien. Um Jazz zu spielen, wanderte er dann in die USA aus. Als großer Zigarrenliebhaber tat er sich später mit Hendrik Kelner (Produzent der Davidoff-Zigarren) zusammen, um 1988 in New York seine eigene Marke zu starten. 1998 kaufte der Mutterkonzern Oettinger die Marke.

Uvezian und Kelner wussten um die Bedeutung sorgfältiger Herstellung und alle Avo-Zigarren sind gut gemacht. Die nicht gerade preiswerte Standardserie von 13 Formaten und die sieben teureren Zigarren der jüngeren Reihen *XO Trio* und *Quartetto* tragen hochwertige *Connecticut-Shade*-Deckblätter, Umblätter aus *Cuban Seed* und dominikanische *piloto-cubano*-Einlagen aus dem Cibao-Tal. Mit der Größe der Zigarren wird ihr Geschmack voller und reicht von mittel bis vollstark. Die *XO intermezzo* (eine *robusto*), *maestoso* und *notturno* sind besonders erfolgreich. Die *Domaine*-Serie von *figurados* (mit Einlagen aus Uvezians eigenem Anbau) hat dunkle ecuadorianische Deckblätter. 2001 wurde zu Uvezians 75. Geburtstag eine auflagenlimitierte Zigarre (178 mm, Ringmaß 50/19,84 mm) mit sonnenkultivierten ecuadorianischen Deckblättern hergestellt, eine weitere (eine *corona extra* mit spitzer Kappe) mit dominikanischer *piloto-cubano*-Einlage zum 78. Geburtstag im März 2004. Dies ist in jeder Hinsicht eine ausgezeichnete Marke.

Preludio Tubos: Ringmass 40 (15,87 mm), Länge 152 mm (6 Inches)

Intermezzo: Ringmass 50 (19,84 mm), Länge 140 mm (5½ Inches)

Balmoral

Die Niederlande zählen zu den wichtigsten Produzenten maschinell gefertigter Zigarren; verarbeitet wird normalerweise Tabak aus Sumatra (Indonesien war einst holländische Kolonie), Brasilien und manchmal Kuba. Die Industrie nahm ihren Anfang 1830 in Amsterdam, bis zum Zweiten Weltkrieg versorgten viele handgemachte Marken den einheimischen Markt. Heute werden nur noch wenige hergestellt. Bei einer so langen Tradition kam die Einführung einer neuen Marke handgemachter Zigarren mit langer Einlage durch die holländische Firma Agio nicht überraschend. Balmorals entstehen in San Pedro de Macoris in der Dominikanischen Republik aus dominikanischen und brasilianischen Einlagen, dominikanischen Umblättern und schattenkultivierten Deckblättern aus Ecuador. Den Namen Balmoral tragen holländische Zigarren seit über 100 Jahren und es gibt in Europa auch eine maschinell gefertigte Balmoral-Marke, ebenfalls von Agio. Die *Royal Selection* besteht aus sechs Formaten gut gemachter, milder bis mittelstarker Zigarren. *Maduro*-Versionen der Marke (mit andersfarbigen Bauchbindern) haben dunkle brasilianische Deckblätter.

Balmoral: Ringmass **42 (16,67 mm)**, Länge **149 mm (5⅞ Inches)**

Bauza

Tabacalera Fuente (im Besitz der berühmten Familie Fuente, die auch eigene Zigarren herstellt) produziert diese 1980 eingeführte Marke in der Dominikanischen Republik. Es sind gut gemachte, hochwertige, aromatische Zigarren, benannt nach einer alten Marke für den kubanischen Markt. Die Preise sind nicht zu hoch. Die Deckblätter kommen aus Ecuador, die Umblätter aus der Dominikanischen Republik, die Einlage aus Nicaragua und der Dominikanischen Republik. Es gibt acht Formate, fast alle sind sehr gut, darunter die *grecos* (140 mm, Ringmaß 42/16,67 mm), die würzige, mittel- bis vollkörperige *Jaguar* (165 mm, Ringmaß 42/16,67 mm) und die *casa grande* (172 mm, Ringmaß 48/19,05 mm). Die *robusto* ist erstaunlich voll im Geschmack.

Casa grande: Ringmass **48 (19,05 mm)**, Länge **171 mm (6⁷⁄₁₀ Inches)**

CAO

CAO-Zigarren (nach den Initialen des Gründers, Cano A. Ozgener) haben sich seit ihrer Einführung 1995 mit der in Honduras produzierten *Black-Label*-Reihe einiges Ansehen erworben. Heute werden die milden Zigarren mit mittlerem Aroma in begrenzter Auflage hergestellt, verpackt in Zedernholzhüllen und handbemalten Kisten. Die Deckblätter sind aus schattenkultiviertem ecuadorianischem Connecticut, die Einlagen stammen aus Nicaragua, Honduras und Mexiko.

Die 1996 gestartete Reihe *CAO Gold* war bald sehr gefragt. Die *double corona* erhielt 1998 im *Cigar Aficionado* die Wertung 90. Die sechs Formate mittleren Körpers entstehen in Nicaragua aus ecuadorianischen Deckblättern und nicaraguanischen Umblättern und Einlage.

1998 startete CAO zum 30-jährigen Firmenjubiläum die Serie *L'Anniversaire*. Dies waren in Costa Rica hergestellte *maduro*-Zigarren mit mittelerem bis vollem Körper. Inzwischen gibt es auch sehr gelobte *L'Anniversaire*-Zigarren, die mit kamerunischem Deckblatt in Nicaragua hergestellt werden (woher auch Einlage und Umblatt stammen). *L'Anniversaire-eXtreme* (mit nicaraguanischer Einlagemischung aus zwei Sorten *ligero*) haben sehr vollen Körper. Weitere Reihen: die *criollo* (mit nicaraguanischer *Cuban-Seed*-Einlage) und die *Brazilia*-Serie – dicke Zigarren mit brasilianischem Deckblatt. *CAO Flavours* sind unter anderem mit Honig oder Vanille aromatisiert.

Pato: Ringmass **50** (**19,84 mm**), Länge **124 mm** (**4⅞ Inches**)

Pampa: Ringmass **40** (**15,59 mm**), Länge **102 mm** (**4 Inches**)

Bomba: Ringmass **50** (**19,84 mm**), Länge **152 mm** (**6 Inches**)

Casa Blanca

Der Name bedeutet »Weißes Haus« und Casa Blancas wurden tatsächlich erstmals für den Nationalkongress der Republikanischen Partei produziert und beim Dinner zu Präsident Ronald Reagans Amtseinführung im Weißen Haus 1981 geraucht. Die Spezialität der Marke sind Zigarren mit großen Ringmaßen (es gibt aber auch zwei oder drei bescheidenere Formate). Wer eine wirklich große Zigarre sucht, sollte zur *magnum* mit Ringmaß 60 (23,82 mm), *jeroboam* oder *half jeroboam* (beide Ringmaß 66/26,19 mm) greifen. Die *jeroboam* ist 254 mm lang.

Obwohl so große Zigarren natürlich Kuriositäten sind, haben sie ihre Anhänger und sind in den USA offenbar beliebt: Jedes Jahr entstehen 1,5 Millionen Casa Blancas in Santiago in der Dominikanischen Republik. Den Connaisseur, der einen vielschichtigen Rauchgenuss bevorzugt, sprechen sie nicht an. Aber die milden Zigarren (mit einem Geschmack, der früher für Dominikaner typisch war) sind gut gemacht. Casa Blancas tragen helle (*claro*) Connecticut-Deckblätter, einige Formate gibt es auch als dunkle *maduro* mit *Connecticut-Broadleaf*-Deckblatt. Die Einlageblätter kommen aus der Dominikanischen Republik und Brasilien, die Umblätter sind mexikanisch. Wer sich nicht einfach nur den Mund mit Rauch füllen möchte, sollte die normal große *Lonsdale* versuchen, die einen guten, sehr milden Rauchgenuss bietet, gut brennt und leicht zieht, ebenso wie die *corona*. Diese Formate sind gut für Einsteiger geeignet.

Magnum: Ringmass **60 (23,81 mm),** Länge **178 mm (7 Inches)**

Lonsdales: Ringmass **42 (16,67 mm),** Länge **165 mm (6½ Inches)**

Cuesta Rey

Pyramides: Ringmass 52 (20,64 mm), Länge 132 mm (5¼ Inches)

Robustos No. 7: Ringmass 50 (19,84 mm), Länge 114 mm (4½ Inches)

Dies ist eine sehr alte Marke, 1884 in Tampa, Florida, von Angel La Madrid Cuesta und Peregrino Rey gegründet, um *Clear-Havanna*-Zigarren aus kubanischem Tabak für den US-Markt zu produzieren. 1958 wurde die Firma von einer anderen alten Tampa-Firma übernommen, M&N, im Besitz der Newman-Familie, eines wichtigen Namens in der US-Zigarrenindustrie. Ursprünglich wurden die Zigarren in den USA gefertigt. Die Produktion in der Dominikanischen Republik begann in den 1980er-Jahren und wurde der Familie Fuente anvertraut. Die Serie *Cabinet Selection* startete 1958 mit nur einem Format, der *No. 95*, einer der ersten Spitzenzigarren mit Kamerun-Deckblättern. Ermutigt von dem Erfolg, fügte Newman drei weitere Formate hinzu: *8-9-8*, *No. 1* und *No. 2*. 1986 erschien mithilfe der Fuentes die *No. 1884*, das erste neue Format seit über 20 Jahren und die erste *Cabinet-Selection*-Zigarre mit *Connecticut-Shade*-Deckblatt. 1999 kam die *No. 47* neu dazu, erhältlich mit Kamerun- oder *Connecticut-Broadleaf*-Deckblatt. Alle sind gut gemachte, milde Zigarren. Die Cuesta-Rey-*Centenario Collection* bietet eine große Auswahl gereifter, mittelstarker und öliger Zigarren, die es sowohl mit *Connecticut-Shade-* als auch *Connecticut-Broadleaf-*(*maduro*)-Deckblatt gibt. Auch sie entstehen in der Dominikanischen Republik. Die *No. 7* ist eine sehr gute *robusto*.

Captivas Tubos: Ringmass 42 (16,67 mm), Länge 127 mm (5 Inches)

DAVIDOFF

Viele Jahrzehnte lang war der Name Davidoff ein Synonym für Zigarren und Zigarrenläden. In den letzten Jahren hat die Marke ihren Namen auch einer großen Zahl von hochwertigen Luxusgütern geliehen, weit über Zigarren und das Rauchen hinaus – etwa Kleidung.

Ursprünglich wurden Davidoff-Zigarren selbstverständlich in Kuba produziert, angefangen in den 1940er-Jahren mit der *Château*-Serie, die in der Manufaktur Hoyo de Monterrey entstand. 1969 wurde Zino Davidoff dann die Ehre einer nach ihm benannten Havanna-Marke mit auffallend eleganten weiß-goldenen Bauchbinden zuteil. Einige Formate entstanden in der Manufaktur El Laguito, andere weiterhin bei Hoyo. Kubanische Davidoffs, teurer als andere Havanna-Marken, erfreuten sich bald großer Beliebtheit und nahmen in der Rangordnung der Havannas den Platz ein, den heute Cohibas innehaben.

1970 schloss Zino Davidoff eine Partnerschaft mit Ernst Schneiders Schweizer Firma Oettinger (in Basel), einem der größten europäischen Zigarrenimporteure. Schneider erkannte das Potenzial der Marke und trug zur Entwicklung der Havanna Reihe bei. Außerdem gründete er eine Kette von Davidoff-Läden in aller Welt – zusätzlich zu dem einen, den Zino selbst noch vor dem Zweiten Weltkrieg in der Rue de Rive in Genf eröffnet hatte. 50 Geschäfte tragen heute den Namen, der neueste (zum Zeitpunkt des Redaktionsschlusses) in Düsseldorf.

Es gab drei Sortimente kubanischer Davidoffs mit jeweils unterschiedlichem Geschmack. Die *Château*-Reihe war die vollste, jedoch höchstens mittelstark. Es folgte die *Thousand*-Reihe; am leichtesten waren die sehr milden *Dom Perignons*: eine *Churchill* (1977 eingeführt), die *No. 1, No. 2* (beide mit gedrehten Kappen) und die *Ambassadrice*. Wie die Jubiläumsausgabe zu Zino Davidoffs 80. Geburtstag 1986 sind alle diese Zigarren heute gesuchte Sammlerstücke und erzielen Höchstpreise.

In den späten 80er-Jahren entzündete sich ein Streit zwischen dem kubanischen Staatsmonopol Cubatabaco und Davidoff. Ob es dabei (wie behauptet) um Qualität ging oder um die Positionierung der Cohiba als führende Havanna-Marke, lässt sich nicht genau sagen. 1990 verkündete Oettinger die Einstellung der Produktion in Kuba (der Export von Havanna-Davidoffs lief bis Ende 1992 weiter). Seither werden Davidoff-Zigarren unter Leitung von Hendrik Kelner im dominikanischen Santiago gefertigt. Zino Davidoff starb 1994 mit 88 Jahren, die Marke jedoch bleibt eine der hochwertigsten und teuersten Zigarren und die wohl bekannteste aus der Dominikanischen Republik. Ihr Geschmack hat mit dem der kubanischen Davidoffs nichts gemein, sie übernahm jedoch die Bauchbinden und viele Bezeichnungen. Das Prestige der Marke zu erhalten ist eine bemerkenswerte Leistung.

Dominikanische Davidoffs sind im Allgemeinen mild bis mittel im Geschmack, exzellent für tagsüber, und werden aus superben *Connecticut-Shade*-Deckblättern und dominikanischen Einlagen gemacht. Die Marke liefert eine große Zahl von Formaten in fünf regulären Sortimenten. Zur Jahrtausendwende erschien eine neue, sehr erfolgreiche Reihe wesentlich vollerer Davidoffs von sehr hoher Qualität. Es gibt in Europa auch maschinell gefertigte Davidoffs, die in Kartons verkauft werden und nur dem Namen nach Davidoffs sind.

*Das Grundsortiment (*No. 1, No. 2, No. 3*,* tubos *und* Ambassadrice*) ist bemerkenswert mild, ebenso die* Aniversario-*Serie (nicht zu verwechseln freilich mit der kubanischen Spezial-Edition) aus bis zu vier Jahre gereiftem Tabak. Selbst die großen* Aniversarios No. 1 *und* No. 2 *sind für ihre Größe beachtlich mild, die* No. 3 *indes ist reicher und aromatischer. Die* Thousand-*Serie neigt zu mittlerem Geschmack (besonders zu empfehlen: die würzige* 4000*).*

Special C I Culebras: Ringmass **33 (13,09 mm)**, Länge **165 mm (6½ Inches)**

Special blend, Special B: Ringmass **41 (16,27 mm)**, Länge **139 mm (5½ Inches)**

Special blend, Special T: Ringmass **52 (20,64 mm)**, Länge **152 mm (6 Inches)**

Special blend, Special R: Ringmass **50 (19,84 mm)**, Länge **123 mm (4⅞ Inches)**

Special blend, Double R: Ringmass **50 (19,84 mm)**, Länge **192 mm (7½ Inches)**

Full blend, Grand Cru No. 1: Ringmass **43 (17,07 mm)**, Länge **155 mm (6⅛ Inches)**

Die Reihe Grand Cru *ist insgesamt reicher im Geschmack. Die* Special*-Serie, hauptsächlich* figurados *mit großem Umfang, hat ebenfalls volleren Körper und trägt dunklere Deckblätter als das übrige Sortiment. Die* Special R *ist eine komplexe* robusto *und auch die* Special T *(eine* piramide*) ist eine hochwertige Zigarre für Kenner.*

Full blend, Grand Cru No. 2: Ringmass **43 (17,07 mm)**, Länge **143 mm (5 5/8 Inches)**

Full blend, Grnad Cru No. 3: Ringmass **43 (17,07 mm)**, Länge **127 mm (5 Inches)**

Full blend, Grand Cru No. 4: Ringmass **41 (16,27 mm)**, Länge **116 mm (4 5/8 Inches)**

Full blend, Grand Cru No. 5: Ringmass **41 (16,27 mm)**, Länge **102 mm (4 Inches)**

Aniversario blend, No. 1 tubos: Ringmass **48 (19,05 mm)**, Länge **203 mm (8 Inches)**

Aniversario blend, No. 2: Ringmass **48 (19,05 mm)**, Länge **178 mm (7 Inches)**

Die Double R, *eine* double corona, *wird von Liebhabern sehr geschätzt. 2003 kam die* Limited Edition *(ausschließlich aus Tabak der hervorragenden Ernte 2000) mit ecuadorianischen Deckblättern auf den Markt, die ersten Davidoff*-Vintage-*Zigarren, gefertigt in* panatela-extra-*Format.*

Millenium blend, Lonsdales: Ringmass **43 (17,07 mm)**, Länge **152 mm (6 Inches)**

Millenium blend, Churchills: Ringmass **48 (19,05 mm)**, Länge **170 mm (6¾ Inches)**

Millenium blend, Robustos: Ringmass **50 (19,84 mm)**, Länge **132 mm (5¼ Inches)**

Mild blend, No. 1: Ringmass **38 (15,08 mm)**, Länge **190 mm (7½ Inches)**

Mild blend, No. 2: Ringmass **38 (15,08 mm)**, Länge **152 mm (6 Inches)**

Mild blend, No. 3: Ringmass **30 (11,91 mm)**, Länge **129 mm (5⅛ Inches)**

Mild blend, Ambassadrice: Ringmass **26 (10,32 mm)**, Länge **114 mm (4½ Inches)**

Don Diego

Ursprünglich wurde diese heute von Altadis im dominikanischen La Romana produzierte Marke von Pepe García, Mitglied der berühmten kubanischen Zigarren-Familie, von den 1960er- bis Mitte der 1970er-Jahre im Exil auf den Kanarischen Inseln entwickelt. Die kanarischen Zigarren unterschieden sich stark von den dominikanischen, aromatischen milden bis mittelstarken Zigarren von erstklassiger Herstellungsqualität. Das milde Grundsortiment besteht aus qualitätvollen *Connecticut-Shade*-Deckblättern, dominikanischen Umblättern und einer Einlagemischung aus der Dominikanischen Republik und Brasilien. Es gibt zwölf Formate, zwei davon in Hülsen. Zu empfehlen sind *grande*, *torpedo* und *robusto*. Die geschmacklich vollere Reihe *Reserve* mit zehn Formaten (inklusive einiger *maduro*-Versionen) hat reicher verzierte Bauchbinden, die Deckblätter sind aus ecuadorianischem *Connecticut Shade,* die Umblätter sind dominikanisch, die Einlagemischung stammt aus der Dominikanischen Republik und Brasilien. Die *maduros* bestehen aus *Connecticut-Broadleaf*-Deckblättern, nicaraguanischen Umblättern und Einlagen aus der Dominikanischen Republik, Peru und Nicaragua. Ungewöhnlich sind die 178-mm-*belicosos* und die 127-mm-*petite-belicosos*. Die *Aniversario*-Reihe erschien zum 40-jährigen Markenjubiläum mit ecuadorianischen Deckblättern, *Connecticut-Broadleaf*-Umblättern und einer dominikanisch-peruanisch-nicaraguanischen Einlagemischung. Die *Lord Rothschild* erhielt im November 2003 im *Cigar Insider* die Wertung 91, die *No. 2* (eine *belicoso*) die Wertung 90. Don Diego leiht seinen Namen auch den *Playboy*- und *Players-Club*-Sortimenten.

Robustos: Ringmass **50 (19,84 mm)**, Länge **127 mm (5 Inches)**

Torpedos natural: Ringmass **50 (19,84 mm)**, Länge **152 mm (6 Inches)**

CETROS: RINGMASS **44 (17,46 mm)**, LÄNGE **165 mm (6½ Inches)**

DON RAMOS

DIESE GUT gemachte, recht erschwingliche Marke entsteht in dem Dorf Cofradia, nahe San Pedro de Sula in Honduras. Für den charakteristisch vollen Körper honduranischer Zigarren, die oft *Cuban-Seed*-Tabak verwenden, ist Don Ramos relativ leicht. Das Sortiment umfasst etwa zehn Formate (manche in zedernholzgefütterten Aluminiumhülsen, einige in Zellophan) mit mittleren bis großen Ringmaßen. Es sind milde, würzige, mittelaromatische Zigarren mit dominikanischen und honduranischen Einlageblättern. Die Produktion begann unter Frank Llaneza von Villazon (1997 von General Cigar aufgekauft). Don-Ramos-Zigarren zielen in erster Linie auf den britischen Markt, wo sie 1982 eingeführt wurden.

CHURCHILL TUBOS: RINGMASS **47 (18,65 mm)**, LÄNGE **170 mm (6¾ Inches)**

DON TOMÁS

DIESE GUT verarbeitete honduranische Marke wurde 1973 entwickelt, gehört seit 2004 zum Portfolio von General Cigar und wird im Talanga-Tal produziert. Sie ist in drei Sortimenten mit unterschiedlichem Preis erhältlich. Die mittelstarke Standardreihe mit indonesischen Deckblättern (kolumbianischen Umblättern, Einlagen aus der Dominikanischen Republik, Mexiko und Nicaragua) enthält unter anderem eine *corona* mit dem großen Ringmaß 50/19,84 mm. Die *International*-Reihe besteht aus nur vier nummerierten, hochpreisigen Formaten aus honduranischem *Cuban-Seed*-Tabak. Die *Special Edition* umfasst fünf höchst aromatische, sehr teure Formate (mit den Nummern *100*, *200* usw.) aus *Connecticut-Shade*-Deckblättern, mexikanischen Umblättern und Einlage aus der Dominikanischen Republik, Mexiko und Nicaragua. Die Marke bietet Sonderserien, etwa in Seidenpapier gehüllte *corojo*-Zigarren mit *Cuban-Seed*-Deckblättern und mexikanischen Umblättern und Einlage sowie eine limitierte Ausgabe von vier gereiften *figurados* mit Kamerun-Deckblatt.

BELICOSOS: RINGMASS **52 (20,64 mm)**, LÄNGE **152 mm (6 Inches)**

DUNHILL

SEITDEM DER legendäre Londoner Tabakladen von Alfred Dunhill 1907 eröffnet wurde, gefolgt von weiteren in New York und Paris, zählt Dunhill zu den bekanntesten Namen in der Welt des Tabaks und der feinen Zigarren. Als einer der ersten Zigarrenhändler erkannte Alfred Dunhill die Bedeutung des begehbaren Humidors. Später trug die Firma entscheidend zum Erfolg der Montecristo bei. Von 1984 bis 1989 produzierte Dunhill seine eigenen, milden Havannas, ursprünglich mit dem nicht erfüllbaren Anspruch, mit Davidoff zu konkurrieren. Diese Zigarren waren hübsch verpackt und trugen elegante rote Bauchbinden mit dem verlängerten Buchstaben »d«. Sammlern sind sie viel Geld wert.

Vor Einführung der kubanischen Dunhill-Marke waren einige Havanna-Marken im Handel, die Dunhill exklusiv vertrieb (wie Davidoff ursprünglich die *Château*-Reihe). Sie hießen Don Candido, Flor del Punto und Don Alfredo und wurden 1982 nach der Unterzeichnung des Vertrags über kubanische Dunhills eingestellt.

Als das Abkommen mit den Kubanern endete (interessanterweise etwa zur selben Zeit, als Davidoff sich mit Cubatabaco entzweite), verlegte Dunhill die Produktion des Marken-Flaggschiffs nach La Romana in die Dominikanische Republik, wo Dunhills's *Aged Cigars* heute von Altadis hergestellt werden. Es gibt 13 Formate mit dominikanischer (*piloto cubano* und *olor*) und brasilianischer Einlage, gehüllt in *Connecticut-Shade*-Blätter. Sie reifen vor dem Verkauf mindestens drei Monate und haben stilvolle blau-weiß-goldene Bauchbinden (das Dunhill-Logo wurde 1995 auf die heutige Schreibweise umgestellt), sind gut gemacht und gemischt, brennen gleichmäßig, haben ein delikates Aroma und milden bis mittleren Geschmack, ohne zu reich zu sein. *Peravias*, *altamiras* und die torpedoförmigen *centenas* bieten besonders eleganten Rauchgenuss. Da die dominikanischen Dunhills aus Blättern jeweils nur einer Jahresernte gefertigt werden, hat man sie zu *Vintages* ernannt (das *Vintage*-Jahr ist das der Ernte, nicht der Herstellung).

Die 1998 gestartete *Honduran Selection* ist voller und umfasst fünf Formate mit grün-weiß-goldenen Bauchbinden. Ihre Einlagemischung kommt aus der Dominikanischen Republik, Mexiko und Brasilien, die Umblätter aus Mexiko, die Deckblätter aus Indonesien – eine komplizierte Mischung für einen ausgewogenen, mittelstarken Rauchgenuss mit würzigem Finish. Es sind Zigarren für erfahrene Raucher mit einer Vorliebe für volleren Geschmack. Als Einstieg eignet sich die *toro*, eine lange *robusto*.

Dunhill bietet auch eine auf den Kanarischen Inseln produzierte Reihe an, die zurzeit wohl bekanntesten Zigarren von dort. Es gibt nur fünf Formate mit bräunlich weiß-goldenen Bauchbinden (früher schwarz-weiß-gold), mild bis mittelstark im Geschmack, mit einem Hauch Süße. Obwohl gut gemacht, sind sie nicht so fein zu rauchen wie andere Dunhills und nur in den USA erhältlich.

Eine maschinell gefertigte Dunhill-Serie sowie ein zeitweise in der Dominikanischen Republik exklusiv für Dunhill produziertes Sortiment milder *Montecruz*-Zigarren runden die Palette ab. Der Name Dunhill ziert auch Kleidung, Parfums und Accessoires. Dunhill-Läden gibt es weltweit in großer Zahl. Die Zigaretten- und Zigarrensparte der Marke ist heute im Besitz von British American Tobacco.

Die neue signierte Dunhill-Reihe startete Ende 2001 in Großbritannien, später auch in anderen Ländern. Die Zigarren haben rote Bauchbinden, jede Kiste ist nummeriert und von den für Herstellung und Kontrolle der Zigarren Verantwortlichen persönlich signiert. Sie entstehen in der kleinen Manufaktur Cuevas & Torino im dominikanischen Navarette, sind voller im Geschmack und fester gebaut als die Aged-Serie. Es gibt sechs Formate mit großen Ringmaßen, darunter ungewöhnlich dicke Churchills *und* robustos *sowie eine* torpedo.

CABRERAS: RINGMASS **48 (19,05 mm),** LÄNGE **178 mm (7 Inches)**

VALVERDES: RINGMASS **42 (16,67 mm),** LÄNGE **140 mm (5½ Inches)**

ALTAMIRAS: RINGMASS **48 (19,05 mm),** LÄNGE **127 mm (5 Inches)**

ROMANAS: RINGMASS **50 (19,84 mm),** LÄNGE **114 mm (4½ Inches)**

CHURCHILLS: RINGMASS **50 (19,84 mm),** LÄNGE **178 mm (7 Inches)**

TORPEDOS: RINGMASS **50 (19,84 mm),** LÄNGE **152 mm (6 Inches)**

El Credito

La Gloria Cubana war eine der beliebtesten Top-Marken in den USA. Aufgrund von Markenstreitigkeiten (es gibt eine gleichnamige Havanna-Marke) war sie sonst nirgendwo auf der Welt erhältlich. Nun jedoch, da die Marke von General Cigar übernommen wurde, sind La Gloria Cubanas international im Handel – als El Creditos.

Die Geschichte von El Credito (im Mai 2002 offiziell gestartet) ist also die Geschichte des nichtkubanischen Ablegers von La Gloria Cubana, 1972 in Miami von Ernesto Carrillo gegründet und anfangs nur lokal vertrieben.

Die Carrillo-Familie ist seit 1907 im Zigarrengeschäft und besaß einst die Manufaktur El Credito in Havanna. Daher der Name, und so beruht auch das Etikett auf den El-Credito-Kisten auf dem, das früher für kubanische El Creditos verwendet wurde.

Die Produktion der La Gloria Cubanas wurde 1995 größtenteils in die Dominikanische Republik verlegt. Die sehr attraktiven, zu vernünftigen Preisen verkauften Zigarren haben mittleren bis vollen Körper, dunkle Sumatra-Deckblätter aus Ecuador (*Connecticut Broadleaf* im Fall der süßlichen *maduros*), Umblätter aus Nicaragua und Einlagen aus dominikanischen und nicaraguanischen Blättern.

El Creditos gibt es in sieben Formaten (manche werden nicht in allen Ländern gehandelt). Die größeren sind die besten: die *robusto* (bei La Gloria heißt sie *Wavell*) oder die *Churchill*.

Die Zigarren der limitierten El-Credito-Reihe *Gold Reserve* sind in Goldpapier eingepackt und jede Kiste trägt die persönliche Unterschrift Ernesto Carrillos.

Churchills maduro: Ringmass **50 (19,84 mm)**, Länge **178 mm (7 Inches)**

Cristal de Luxe natural: Ringmass **46 (16,67 mm)**, Länge **145 mm (5¾ Inches)**

Exquisitos maduro: Ringmass **40 (15,59 mm)**, Länge **114 mm (4½ Inches)**

Torpedos natural: Ringmass **54 (21,43 mm)**, Länge **152 mm (6 Inches)**

100: Ringmass **38 (15,08 mm)**, Länge **178 mm (7 Inches)**

Flor de Copan

Die honduranische Zigarrenproduktion konzentriert sich auf drei Gebiete: Danli im Süden, San Pedro nahe der Karibikküste und Santa Rosa de Copan im Norden, wo die Flor-de-Copan-Zigarren entstehen. Die von Altadis übernommene Marke wurde 1999 neu herausgebracht. Das Grundsortiment von acht Formaten (darunter die *monarcas* in Hülsen) wird ganz aus honduranischem Tabak gefertigt, Deck- und Umblätter aus *Cuban Seed*. Die *maduro*-Reihe mit vier Formaten kam 2001 hinzu und hat Deckblätter aus Costa Rica. Die Formate der beiden Serien unterscheiden sich, mit Ausnahme der *robusto/Rothschild*. Im Geschmack zeigt sich die Marke traditionell honduranisch: stürmisch, stark und erdig; sie richtet sich an robuste Raucher.

Robusto: Ringmass **50 (19,84 mm)**, Länge **127 mm (5 Inches)**

Griffin's

Diese Marke mit extrem gut gemachten, milden bis mittelstarken Zigarren wurde von dem Schweizer Bernard Grobet begründet, einem Partner von Zino Davidoff und Inhaber eines Nachtclubs in Genf, nach dem die Zigarren benannt sind. Grobet war in den 1980ern einer der ersten Europäer, die in der Dominikanischen Republik produzierten. Heute ist die Marke im Besitz von Oettinger, ebenso wie die gehobenen Marken Davidoff und Avo. Das Grundsortiment der Zigarren hat helle *Connecticut-Shade*-Deckblätter und dominikanische Einlagen, ideal für Tages- und Gelegenheitsraucher. Die Marke ist weit verbreitet, besonders in Davidoff-Läden, sie zielt auf anspruchsvollere Kunden und ist nicht billig. Es gibt mehr als ein Dutzend Formate, fünf davon nummeriert. Die *prestige* (190 mm), die *No. 300* und die *robusto*, beide von mittlerem Geschmack, und die schlanke *privilege* sind die Glanzlichter im Sortiment. Einige Formate tragen *maduro*-Deckblätter (*Connecticut Broadleaf*). Die kleine *Griffin's Fuerte* mit zusätzlicher roten Bauchbinde ist voller und würziger.

Prestige: Ringmass **50 (19,84 mm)**, Länge **190 mm (7½ Inches)**

HENRY CLAY

Die Marke Henry Clay verdankt ihre Aufnahme in dieses Buch weniger ihrer Qualität (obgleich sie ihre Anhänger hat), sondern ihrer langen, vornehmen Geschichte. Dass der jetzige Besitzer Altadis die Marke nicht entschiedener entwickelt und vermarktet, um ihre Tradition Gewinn bringend auszubeuten, ist unverständlich.

Henry Clay war ursprünglich eine berühmte frühe Havanna-Marke mit Wurzeln in der Mitte des 19. Jahrhunderts und hieß damals Le Flor de Henry Clay. Benannt ist sie nach dem 1852 gestorbenen US-Staatsmann, Senator und Präsidentschaftskandidaten, der Zigarren so schätzte, dass er sie an seine Mitsenatoren zu verteilen pflegte (siehe S. 191). Möglicherweise war er, wie andere US-Amerikaner seiner Zeit, an Geschäften in Kuba beteiligt, was den Markennamen erklären könnte. Viele US-Politiker und Präsidenten waren Zigarrenliebhaber, doch er ist der einzige, nach dem eine Zigarre benannt wurde.

Einst gehörte die Marke Gustavo Bock, einer der wichtigsten Figuren der Zigarrengeschichte, und die Kisten trugen seine Unterschrift. Der berüchtigte Tabakmagnat James »Buck« Duke (siehe S. 28–29) und seine American Tobacco Company verschafften sich bis 1902 mit einem als Trust bekannten Firmenkonglomerat die Kontrolle über 90 Prozent der kubanischen Zigarrenexporte. Unter den Marken, die der Trust übernahm, war auch Henry Clay (obwohl Bock damals noch die Leitung innehatte). Dukes Pläne zur Rationalisierung der Produktion und Sicherung des Nachschubs an Blättern stießen auf erheblichen örtlichen Widerstand, nicht zuletzt von seiner eigenen Belegschaft, zu der er nie ein gutes Verhältnis hatte. Als Reaktion auf die Probleme zogen 1932 die meisten Trust-Firmen, auch Henry Clay, nach Trenton, New Jersey. Die Zigarren wurden jedoch weiterhin aus kubanischem Tabak gefertigt. Dann kauften die Consolidated Cigar Corporation und schließlich in den 1990ern die Firma Altadis die Marke auf. Die Deckelinnenseite von Henry-Clay-Kisten ziert allerdings auch heute noch eine Illustration der ursprünglichen kubanischen Manufaktur.

Seit einigen Jahren werden Henry-Clay-Zigarren in der Dominikanischen Republik hergestellt. Das Sortiment und die Mischung machten in den letzten Jahrzehnten manche Veränderung durch. Mitte der 90er-Jahre gab es nur noch drei Formate: *breva fina*, *breva conserva* und *breva*, alle von mittlerem bis vollem Körper, mit mittelbraunen *Connecticut-Broadleaf*-Deckblättern. Dann fügte Consolidated Cigar sechs neue Formate mit noch vollerem Körper und dunklen nicaraguanischen *Cuban-Seed*-Deckblättern hinzu, unter anderem die *cedro de luxe* (in Zedernholz gehüllt), die torpedoförmige *Obelix* und *fantasias*, die in Glashülsen verkauft werden. 1999 unterzog man dann Mischung und Grundsortiment erneut einer Veränderung, später erschien eine erfolgreiche Reihe mit Habana-2000-Deckblättern, aus der die *robusto* und die *mirabelle* Lob bei den Kritikern ernteten. (Habana 2000 ist eine neuere *Cuban-Seed*-Züchtung.) Heute gibt es sieben Henry-Clay-Formate, alle *maduros* mit *Connecticut-Broadleaf*-Deckblättern und dominikanischen Umblättern sowie mit Einlagen aus Tabak desselben Anbaulandes.

Brevas finas: Ringmass **48 (19,05 mm)**, Länge **165 mm ($6\frac{1}{2}$ inches)**

Brevas conservas: Ringmass **46 (18,26 mm)**, Länge **143 mm ($5\frac{5}{8}$ inches)**

Brevas: Ringmass **42 (16,67 mm)**, Länge **140 mm ($5\frac{1}{2}$ inches)**

Die nach dem berühmten US-amerikanischen Staatsmann Henry Clay benannte Zigarre ist eine der ältesten originalen Havanna-Marken. Rudyard Kipling zitiert sie bereits 1898 in dem Gedicht The Betrothed *(siehe S. 196). In der Tradition der ersten kubanischen Henry Clay ziert noch immer eine Illustration der ursprünglichen Julian-Alvarez-Manufaktur die Innenseite der Zigarrenkiste. Die Henry Clays verwendeten neben H. Upmann, Por Larrañaga und Santa Damiana als eine der ersten Zigarrenmarken die neue Deckblattzüchtung Habana 2000.*

HOYO DE MONTERREY EXCALIBUR

Die Excalibur-Serie zählt zu den besten nichtkubanischen Zigarren von mittlerem bis vollem Geschmack überhaupt: reich und langsam brennend. Technisch gesehen sind sie Teil der honduranischen Hoyo-de-Monterrey-Marke (siehe S. 78). Einen eigenen Eintrag verdienen sie nicht nur durch ihre hohe Qualität, sondern auch weil sie in den USA und Europa zu den beliebtesten nichtkubanischen Zigarren gehören. Sie sind ein Fall für echte Connaisseure.

Die heute von General Cigar hergestellte Reihe entstand im Jahr 1977 aus der Zusammenarbeit von Frank Llaneza von Villazon, einem der größten Namen in der Zigarrenwelt, und dem kundigen und einflussreichen Lew Rothman, Besitzer der US-Firma J. R. Tobacco. Der Name erinnert an das Schwert, das König Artus der Sage der Tafelritter zufolge von der Herrin vom See überreicht bekam. Heute leitet der angesehene honduranische Zigarrenmeister Estelo Padrón die Produktion.

Das Besondere an Excaliburs ist ihre außergewöhnliche Ausgewogenheit und der für honduranische Zigarren untypische, eher mittlere Geschmack. Ihre beständige, vorbildlich gute Fertigung ist für Kenner ein weiterer Reiz und schlägt sich im Preis nieder. Auch die unlängst überarbeitete Verpackungsgestaltung trägt zum Stil und Prestige der Marke bei.

Die Deckblätter des Grundsortiments sind entweder aus *Connecticut Shade* oder, bei *maduros*, *Connecticut Broadleaf*. Die *natural-Connecticut-Shade*-Zigarren verwenden *Broadleaf*-Umblätter. Die genaue Einlagemischung unterscheidet sich von Zigarre zu Zigarre, aber im Wesentlichen ist sie aus honduranischen und nicaraguanischen, bei einigen Formaten auch dominikanischen *Cuban-Seed*-Blättern. Excaliburs sind von komplexem, leicht nussigem Geschmack und weichem, abgerundetem, öligem Rauch.

Die vor ein paar Jahren neu hinzugekommene Reihe *1066* hat ebenfalls mittleren bis vollen Körper, ist dank der dunklen Kamerun-Deckblätter reicher und zielt auf Raucher mit einer Vorliebe für kubanische Zigarren. Der Name hat nichts mit der Artus-Sage zu tun – 1066 war das Jahr der Schlacht von Hastings und der Invasion Großbritanniens durch die Normannen unter Wilhelm dem Eroberer. Die Zigarren selbst (fünf Formate) sind jedoch nach Sagenfiguren benannt, etwa *Galahad*, *Lancelot* und *Merlin*. Sie haben alle große Ringmaße (45/17,7 mm bis 54/21,3 mm). Herausragend ist die 2003 eingeführte schlagkräftige *Dark Knight* (146 mm, Ringmaß 54/21,3 mm), die stärkste der Marke. Das Deckblatt ähnelt gewöhnlichem *Connecticut-Broadleaf-maduro*, ist jedoch aus Connecticut-Blättern von Havanna-Samen. Diese Blattsorte, bis 1833 in den USA allgemein in Gebrauch, wurde durch *Broadleaf* verdrängt, wird nun aber von einigen Marken wieder verwendet. Die Blätter sind milder und öliger als *Broadleaf*-Tabak und voller im Geschmack.

Churchills tubos: Ringmass **50 (19,84 mm)**, Länge **178 mm (7 Inches)**

Perfectos unicos: Ringmass **38 (15,08 mm)**, Länge **114 mm (4½ Inches)**

Coronas gordas: Ringmass **46 (18,26 mm)**, Länge **143 mm (5⅝ Inches)**

Demi-tasse: Ringmass **28 (11,11 mm)**, Länge **132 mm (5¼ Inches)**

Epicure: Ringmass **50 (19,84 mm)**, Länge **132 mm (5¼ Inches)**

No. IV: Ringmass **46 (18,26 mm)**, Länge **143 mm (5⅝ Inches)**

JOHN AYLESBURY

CHURCHILLS: RINGMASS **48 (19,05 mm)**, LÄNGE **175 mm (6⅞ Inches)**

ANDERS ALS in den meisten anderen Importländern sind in Deutschland handgemachte nichtkubanische Zigarren gefragter als Havannas. Die John Aylesbury Society wurde 1974 von einer Gruppe deutscher Händler gegründet, die sich dem Verkauf hochwertiger Tabakprodukte und Zigarren verschrieben. Sie unterhält etwa 50 Läden in Deutschland. Neben der Fabrikation in Deutschland (aus brasilianischen und indonesischen Blättern) importiert John Aylesbury exklusive handgemachte Zigarren aus der Dominikanischen Republik sowie honduranische mit vollerem Körper und nicaraguanische. Villaverde-Zigarren werden auf den Kanarischen Inseln gefertigt. Viele diese Marken sind von exzellenter Qualität.

EMBAJADOR: RINGMASS **50 (19,84 mm)**, LÄNGE **127 mm (5 Inches)**

JOYA DE NICARAGUA

IN DEN 1970ern, vor der Entstehung der dominikanischen und honduranischen Industrien, hielt man gemeinhin nicaraguanische Zigarren und besonders diese Marke für die besten nichtkubanischen, jedenfalls wenn man volles Aroma bevorzugte. Bürgerkrieg, wirtschaftliche Probleme und ein US-Embargo schadeten der Produktion enorm und beeinträchtigten die Qualität. Mitte der 90er-Jahre gab es eine kleine Erholung, doch erst in den letzten Jahren erlebte die nicaraguanische Industrie einen deutlichen Aufschwung, und nun ist die Qualität wieder so hoch wie in den alten Zeiten.

Die Marke Joya de Nicaragua entstand 1970 und wird heute von Tobacos Puros de Nicaragua produziert. Seit 2002 heißt sie Joya de Nicaragua Antano 1970. Die Deckblätter liefern ölige *Cuban-Seed*-Hybriden. Die hochwertigen Zigarren haben sehr vollen Körper, werden nur in begrenzten Mengen gefertigt und sind sehr gefragt. Kein Wunder – *Cigar Insider* gab die Wertung 91. Momentan gibt es nur ein paar Formate. Die Bauchbinden sind reicher verziert als die des alten Sortiments.

ELEGANTE: RINGMASS **38 (15,08 mm)**, LÄNGE **165 mm (6½ Inches)**

JUAN CLEMENTE

CHURCHILLS: RINGMASS 47 (18,65 mm), LÄNGE 170 mm (6¾ Inches)

DER FRANZÖSISCHE Zigarrenliebhaber Jean Clement gründete diese Marke 1982. Sie wird in der Dominikanischen Republik produziert und hat sich über die Jahre entwickelt und verbessert. Früher ließ die Fertigung bisweilen zu wünschen übrig, was zu schlechtem Zug führte. Dieses Problem ist weitgehend, wenn auch nicht vollkommen gelöst. Heute gibt es drei Sortimente mit *Connecticut-Shade*-Deckblättern. Die milde, duftige *Classic*-Serie (neun Formate), aus der *Rothschild* und *Obelisco* (eine *figurado*) herausragen, trägt gelbe Bauchbinden. Die in den 90ern eingeführte kolossale *gargantua* (330 mm lang, Ringmaß 50/19,8 mm) hat man klugerweise wieder eingestellt. Die Serie *Club Selection* mit dunkleren Deckblättern ist das milde Glanzlicht der Marke. Die vier Formate (*No. 2* ist am erfolgreichsten) haben volleren Körper und weiße Bauchbinden. Die jüngste Reihe ist die *Reserve* mit roten Bauchbinden und vier gereiften, würzigen Formaten. Ungewöhnlicherweise sind die Bauchbinden am Fuß angebracht.

CLUB SELECTION NO. 2: RINGMASS **46 (18,26 mm)**, LÄNGE **114 mm (4½ Inches)**

LA INVICTA

EPICURE: RINGMASS 50 (19,84 mm), LÄNGE 114 mm (4½ Inches)

DIESE MARKE von gut gemachten, milden, mittelkörperigen Zigarren mit recht delikatem, würzigem, leicht süßem Geschmack wird in Honduras für die namhaften britischen Importeure Hunters & Frankau produziert. Es gibt derzeit neun Formate, die von kurzem bis langem Rauchgenuss alle Bedürfnisse abdecken. Die Deckblätter sind leicht bis mittel gefärbt und haben ein angenehmes Bouquet. Die *petit corona* gibt es auch in *maduro*-Version zu vernünftigem Preis in Zellophanpäckchen à 25 Stück. Für Kenner sind sie nicht die erste Wahl, aber gut für den täglichen Rauchgenuss. La Invicta wurde früher in Jamaica produziert.

LA INVICTA
Hand rolled Honduras Cigars

MACANUDO

Macanudo ist mit Abstand die meistverkaufte Top-Zigarrenmarke in den USA und eine der beliebtesten weltweit. In New York gibt es sogar einen Macanudo-Club. Der Name stammt von einem (in Großbritannien besonders populären) Format der kubanischen Marke Punch – tatsächlich ist Macanudo im Grunde ein Ableger von Punch. Kreiert wurde sie während des Zweiten Weltkriegs von der Firma Palicio (damals Besitzer von Punch) für den britischen Markt. Aufgrund der Devisenbewirtschaftung jener Zeit konnten kubanische Zigarren nicht mehr nach Großbritannien importiert werden, darum produzierte Palicio die Marke in Jamaika, das als britische Kolonie zum Sterling-Raum gehörte. Anfangs hatten Macanudos kubanische Deckblätter. Noch heute sehen die Deckeletiketten der Havanna-Marke Punch denen von Macanudo sehr ähnlich. Das nur in Argentinien gebräuchliche spanische Wort *macanudo* heißt prima, toll oder das Beste.

1968 kaufte General Cigar die Marke und die Manufaktur Temple Hall, wo sie hergestellt wurde. Nach einer Neugestaltung der Mischung mithilfe von Ramon Cifuentes startete Macanudo im Jahr 1971 in den USA. Seit 1983 wird die Marke auch in Santiago gefertigt und die Produktion in der Dominikanischen Republik wuchs im Boom der 90er gewaltig. 2000 zog sich General Cigar aus Jamaica zurück, heute entstehen alle Macanudos in der Dominikanischen Republik.

Über die Jahre trug die Einführung neuer Serien zum Erfolg der Macanudos bei. Heute gibt es vier reguläre Reihen – alle vier sind für ihre Beständigkeit und verlässlich hohe Qualität bekannt.

Die ursprüngliche Reihe heißt heute *Macanudo Café*. 22 Formate stehen zur Auswahl. Sie sind elegant und gut gemacht und der weiche, milde Geschmack spricht viele Einsteiger ebenso an wie Connaisseure, die tagsüber einen milden Rauchgenuss schätzen; allerdings finden manche sie etwas schwach im Aroma. Die Deckblätter sind aus seidigem *Connecticut Shade*, die Umblätter stammen aus der mexikanischen Region San Andres, die Einlage ist aus mexikanischem und dominikanischem Tabak gemischt. Die Zigarren tragen meist Namen britischer Herkunft (*Hyde Park*, *Ascot*, *Prince Philip*), einige Formate (*Hampton Court* und *Portofino*) sind in schmucken weißen Hülsen erhältlich. Die *Diplomat* ist mit Ringmaß 60 (23,6 mm) eine sehr dicke, aber kurze *figurado*. Das Besondere an den Deckblättern der Macanudos ist die zweimalige Reifung: erst in der Dominikanischen Republik; dann zum »Winterschwitzen« zurück ins kühle Connecticut und erneut zurück in die Manufaktur. Einige Formate werden nicht international verkauft.

Insgesamt sind Macanudos relativ teuer. Die *Macanudo Vintage* mit roten Bauchbinden sind besonders kostspielig; Kenner schätzen ihren reichen, nussigen Geschmack. Sie kamen 1989 auf den Markt, mit Tabak aus der 1979er-Ernte (die Bezeichnung *Vintage* bezieht sich immer auf das Erntejahr). Auch die anderen Blätter in diesen Zigarren sind speziell gereift. Weitere *Vintage*-Jahre waren bisher 1984, 1988, 1993 und 1997. Das jeweilige *Vintage*-Jahr zeigt eine zweite Bauchbinde. Die letzten Zigarren des Jahrgangs 1979 gingen Ende 2003 im Macanudo Fumoir im Londoner Claridge's-Hotel für je 220 Pfund weg, als Sammlerzigarren, deren Preis sich am Alter orientiert.

Duke of Devon: Ringmass **42 (16,67 mm)**, Länge **140 mm (5 ½ Inches)**

Duke of Windsor: Ringmass **50 (19,84 mm)**, Länge **152 mm (6 Inches)**

Petit coronas: Ringmass **38 (15,08 mm)**, Länge **127 mm (5 Inches)**

Café Crystal tubos: Ringmass **49 (19,45 mm)**, Länge **127 mm (5 Inches)**

2003 kam die Sonderauflage Macanudo Gold Label *auf den Markt. Die fünf Formate mit zusätzlicher goldener Bauchbinde sind süß und mild; sie wurden aus eigens ausgewählten* Connecticut-Shade-*Deckblättern, mexikanischen Umblättern sowie mexikanischen und dominikanischen* (Cuban-Seed-)*Einlagen gefertigt.*

1998 erschien die Reihe Macanudo Robust *in acht Formaten, zwei in Hülsen. Die Zigarren sind um einiges stärker (mit mittlerem Körper) und würziger als andere Macanudos, aber immer noch sehr mild. Sie tragen ein auffälliges »R«-Logo und liegen in einer eleganten, dunkelgrünen Kiste. Diese großartigen Zigarren, ein Lieblingsprojekt von Edgar Cullman von General Cigar, haben Einlagen aus dominikanischem* piloto cubano, *Cuban-Seed-Umblätter (in Connecticut gezüchtet) und dunkle, gereifte* Connecticut-Shade-*Deckblätter.*

Vintage No. VIII: Ringmass **50 (19,84 mm),** Länge **140 mm (5 ½ Inches)**

Robust Hyde Park: Ringmass **49 (19,45 mm),** Länge **140 mm (5 ½ Inches)**

Robust Baron Rothschild: Ringmass **42 (16,67 mm),** Länge **166 mm (6 ½ Inches)**

Vintage No. IV: Ringmass **47 (18,65 mm),** Länge **114 mm (4 ½ Inches)**

Maduro Prince Philip: Ringmass **49 (19,45 mm)**, Länge **190 mm (7 ½ Inches)**

Maduro Hampton Court: Ringmass **42 (16,67 mm)**, Länge **140 mm (5 ½ Inches)**

Café Prince of Wales: Ringmass **52 (20,64 mm)**, Länge **203 mm (8 Inches)**

Café Duke of Wellington: Ringmass **47 (18,65 mm)**, Länge **216 mm (8 ½ Inches)**

Die 1999 aufgelegte maduro-*Reihe unterscheidet sich von früheren* maduro-Macanudos, *die in den 1970er-Jahren mit mexikanischen Umblättern gefertigt wurden. Die heutigen* maduros *sind reicher und haben* Connecticut-Broadleaf-*Deckblätter von attraktivem Glanz. Die Umblätter sind aus* Connecticut Shade*, die Einlageblätter dominikanisch und mexikanisch (San Andres). Diese pfeffrigen, leicht süßen Zigarren gibt es in sieben Formaten mit dem Buchstaben »M« auf der Bauchbinde.*

Padrón

Die nur in sehr begrenzter Zahl produzierten Padróns sind die vielleicht besten nicaraguanischen Zigarren. Sie erhalten bei Verkostungen hohe Werte und haben unter Kennern viele treue Freunde. Trotzdem sind sie nicht zu teuer.

Von dem Exilkubaner José O. Padrón in Miami gegründet, stellt die Firma seit 1964 Zigarren her. 1970 begann Padrón mit der Produktion in Nicaragua und gründete 1977 eine weitere Manufaktur in Honduras. Nach Präsident Reagans Embargo gegen Nicaragua 1985 verlegte man die Produktion ganz nach Honduras, doch seit 1990 stellen die Padróns wieder in Nicaragua Zigarren her. Ihre neue Manufaktur steht in Esteli. Sie züchten eigenen nicaraguanischen *Cuban-Seed*-Tabak und garantieren beständige Qualitätskontrolle.

Das Grundsortiment Padrón – in 13 Formaten erhältlich – gibt es mit normalen und *maduro*-Deckblättern. Der Tabak für diese mittel- bis vollaromatischen Zigarren reift zweieinhalb Jahre. Die komplexere Reihe *Padrón 1964 Anniversary*, 1994 eingeführt, bietet neun Formate (ebenfalls mit normalen wie *maduro*-Deckblättern). Die Blätter reifen mindestens vier Jahre. Sie sind mild, reich und von mittlerem Körper.

Die eher vollaromatische *Padrón Millennium* feierte die Jahrtausendwende. Von der Zigarre aus fünf Jahre gereiftem Tabak wurden nur 100.000 Stück hergestellt. Die ähnlich schmeckende Serie *1926*, ebenfalls aus fünf Jahre gereiften Blättern, erschien zum 75. Geburtstag von José Padrón.

Anniversary Diplomatico : Ringmass **50 (19,84 mm)**, Länge **178 mm (7 Inches)**

Anniversary Imperial: Ringmass **54 (16,67 mm)**, Länge **152 mm (6 Inches)**

Anniversary Torpedo: Ringmass **52 (20,64 mm)**, Länge **152 mm (6 Inches)**

Anniversary Príncipe: Ringmass **46 (18,26 mm)**, Länge **114 mm (4½ Inches)**

Paul Garmirian

Paul Garmirians Zigarren – leider weder leicht erhältlich noch billig – zählen zu den besten Nicht-Havannas. Garmirian war Immobilienmakler, wechselte aber nach dem Erfolg seiner 1991 gestarteten Marke ganz ins Zigarrengeschäft. Er ist als führender Zigarrenexperte anerkannt, auch dank seines Buches *The Gourmet Guide to Cigars* (1990). Bei der Kreation seiner eigenen dominikanischen Marke tat er sich mit Hendrik Kelner zusammen, einem der größten Zigarrenproduzenten der Welt. Ursprünglich gab es nur sechs Formate, jetzt umfasst das Grundsortiment, die *Gourmet*-Serie, 20. Sie haben ölige, rötlich braune *Connecticut-Shade*-Deckblätter sowie dominikanische Umblätter und Einlagen, sind perfekt gebaut und brennen gut, mit einem feinen Bouquet und würzigem, mildem Geschmack bei mittlerem bis vollem Körper. Die *Maduro*-Serie (sechs Formate) hat dominikanische und brasilianische Einlagen, indonesische Umblätter und *Connecticut-Broadleaf*-Deckblätter.

Die aromatischere *Gourmet Series II* wurde 1999 in nur zwei Formaten eingeführt, *torpedo* und *robusto*. 2001 kamen die *Connoisseur* und die *belicoso fino* hinzu. Die Reihe *Reserva exclusiva* (aus zehn Jahre altem Tabak) kam im selben Jahr auf den Markt, in den Formaten *corona* und *belicoso*, 2002 gefolgt von drei weiteren. Sie sind voll und reich, haben dominikanische und ecuadorianische Einlagen, dominikanische Umblätter und Deckblätter aus Ecuador.

Lonsdales: Ringmass **42 (16,67 mm)**, Länge **165 mm (6 ½ Inches)**

Belicosos: Ringmass **52 (20,64 mm)**, Länge **165 mm (6 ½ Inches)**

Churchills: Ringmass **48 (19,05 mm)**, Länge **178 mm (7 Inches)**

Double coronas: Ringmass **50 (19,84 mm)**, Länge **194 mm (7 ⅝ incehs)**

Petrus

Diese exzellente Marke ist besonders in Europa beliebt. 1990 von dem Amerikaner Philip Gregory Wynne gegründet, wird sie von seiner Firma Felipe Gregorio hergestellt. Mischung und Auswahl haben sich seit dem Erscheinen der Marke verändert. Das Grundsortiment entsteht in Wynnes eigener Manufaktur im nicaraguanischen Condega aus nicaraguanischen Blättern, darunter sonnenkultivierten *Connecticut-Seed*-Deckblättern. Die fünf Formate sind mild bis mittelstark, mit würzigem Kaffee-Geschmack. Die Reihe *Royal Maduro* (drei Formate) wird in der Dominikanischen Republik gefertigt (mit Umblättern und Einlagen aus *piloto cubano*) und ist reicher und stärker als das reguläre Sortiment. Die am meisten verfeinerte und teuerste Serie ist *Petrus Fortus*: stark, erfüllend, aber subtil, mit schwarz-roten Bauchbinden.

Uranus: Ringmass **34 (13,49 mm)**, Länge **175 mm (6 ⅞ Inches)**

Rothschild: Ringmass **50 (19,84 mm)**, Länge **127 mm (5 Inches)**

Aldebaran: Ringmass **50 (19,84 mm)**, Länge **216 mm (8 ½ Inches)**

Pleiades

Ursprünglich 1984 für das französische Staatsmonopol SEITA (heute Teil von Altadis) produziert, sind dies milde, weiche, aber geschmackreiche Zigarren mit attraktivem Aroma. Sie sehen elegant aus und werden in der Dominikanischen Republik gut gemacht. Die Einlageblätter (*olor dominicano* und *piloto cubano*) kommen aus dem Cibao-Tal, die Deckblätter sind *Connecticut Shade*. Nach der Fertigung werden die Zigarren nach Straßburg transportiert und sechs Monate lang gereift, danach kommen sie in Kisten mit eingebautem Befeuchtungssystem, ehe sie in Europa vertrieben werden. Die Zigarren für die USA werden direkt dorthin geschickt.

Ende 2000 wurden das Sortiment und die Mischung verändert. Die Auswahl ist mit über einem Dutzend Formaten umfangreich. Die besten sind *Orion*, *Perseus*, *Aldebaran* und die pfeffrige *Andares*. Die Reihe *Pleiades Reserve Privée* 1992 ist eine limitierte Ausgabe beeindruckender, gereifter Zigarren.

Santa Damiana

Selección 300: Ringmass **42 (16,67 mm)**, Länge **127 mm (5 Inches)**

Santa Damiana, einst eine renommierte Havanna-Marke, wird seit 1993 in La Romana in der Dominikanischen Republik produziert. Heutiger Besitzer ist Altadis. Für den US-Markt hergestellte Santa Damianas haben andere Namen und Formate als die in Europa erhältlichen und die Auswahl ist kleiner. Die US-Zigarren sind nummeriert (*No. 100* usw.), die europäischen tragen dagegen traditionelle Bezeichnungen (wie *Churchill*, *corona* und *robusto*). In Europa sind acht Formate (darunter zwei in gelben Hülsen) erhältlich, in den USA nur fünf (ziemlich dicke). Alle Zigarren sind gut produziert und tragen elegante, blau-goldene Bauchbinden. Ihr Geschmack ist delikat und zugleich leicht würzig, das Aroma angenehm. Das gesamte Sortiment rangiert zwischen mild und mittelstark und besteht aus dominikanischen Einlagen und Umblättern sowie *Connecticut-Shade*-Deckblättern. Santa Damiana sind handwerklich gut gemachte Zigarren mit einem Geschmack, der früher als typisch dominikanisch gegolten hätte.

No. 4: Ringmass **42 (16,67 mm)**, Länge **127 mm (5 Inches)**

Te-Amo

Die zumindest in den USA bekannteste mexikanische Marke wurde Mitte der 1960er-Jahre gegründet und gehört heute zu Altadis. Die Zigarren waren früher für ihren kratzigen Geschmack bekannt, inzwischen sind die derben Deckblätter aber verschwunden, die Fertigungsqualität wurde verbessert und Te-Amos gelten nun als elegant. Das Grundsortiment bietet 17 Formate mit hellbraunen oder *maduro*-Deckblättern. Der Tabak kommt ausschließlich aus dem San-Andres-Tal in Mexiko. Die *Aniversario*-Reihe (sechs Formate mit *maduro*-Versionen und *figurados*) ist besonders gut (der *Cigar Aficionado* gab der *maduro-toro* die Wertung 91). Verwendet werden Habana-2000-Deckblätter, mexikanische Umblätter und eine Einlagemischung aus nicaraguanischem, dominikanischem und mexikanischem *Cuban-Seed*-Tabak. Die *Cabinet Selection* (fünf Formate) hat mexikanische Sumatra-Deckblätter (die *maduro*-Deckblätter sind aus mexikanischem Habana 2000), Umblätter aus Habana 2000 und eine Einlagemischung aus mexikanischen, brasilianischen und dominikanischen Blättern. Die einfachen roten Bauchbinden wurden ersetzt, allerdings waren diese Zigarren zuletzt nicht erhältlich.

ZINO

Der grosse Zino Davidoff kreierte diese Marke für den US-Markt, als Davidoff-Zigarren noch in Kuba hergestellt wurden und daher in den USA nicht verkauft werden durften. Seit vielen Jahren werden Zinos aber weltweit angeboten und sind in den vielen Davidoff-Läden ebenso zu finden wie bei anderen Händlern. Das ursprüngliche, in Honduras hergestellte Sortiment mit goldenen Bauchbinden hatte mittleren Körper. Die milde bis mittelstarke, aber aromatische und nussige Reihe *Mouton Cadet* mit auffälligen dunkelroten Bauchbinden erschien 1983 und wurde von Baronesse Philippine de Rothschild beworben, deren Familie den gleichnamigen *Claret*-Rotwein produzieren lässt. Anfangs gab es nur drei Formate, mittlerweile wurde die Auswahl auf zehn erweitert, die meisten nummeriert und viele in Hülsen erhältlich. Einige Formate gibt es jedoch nicht überall. Das neueste ist die *torpedo* (130 mm, Ringmaß 50/19,8 mm). Die *No. 6* ist eine *robusto*. Die Reihe wird in Honduras hergestellt, aus ecuadorianischen Connecticut-Deckblättern sowie honduranischen Umblättern und Einlagen. Die keineswegs niedrigen Preise rechtfertigen sich durch die hohe Qualität. Die *Connoisseur*-Serie wurde 1987 eigens zur Eröffnung des Davidoff-Ladens in der New Yorker Madison Avenue produziert und einige Jahre fortgeführt. Sie bestand aus vier vollkörperigen Zigarren mit großem Ringmaß. Es gibt auch einige maschinell gefertigte Zinos aus brasilianischem und indonesischem Tabak.

Die letzte Neuigkeit der Marke sind die beiden *Platinum*-Reihen. Die *Platinum Crown* kam Ende 2002 auf den US-Markt – zu Schwindel erregenden Preisen. Trotzdem, und obwohl sie schwer zu kriegen waren, wurden die Zigarren ein großer Erfolg. Die *Platinum Scepter*, Mitte 2003 gestartet, ist wesentlich preiswerter. Beide Reihen werden nach und nach auch in Europa zugänglich – etwa in Deutschland, der Schweiz, Russland und Großbritannien. Die Einführung der *Platinum*-Zigarren war eine Marketing-Strategie. Die Berater Peter Arnell und Steve Stout entwickelten das Konzept und setzten es zusammen mit dem Davidoff-Geschäftsführer Reto Cina um, der eigentlich aus der Kosmetikbranche kommt. Der Plan war, die Zigarren (ein Joint Venture von Davidoff, Arnell und Stout) nicht nur als luxuriöses Statussymbol im gehobenen Markt zu etablieren, sondern auch ein jüngeres Publikum anzusprechen, das vielleicht noch nie Zigarren geraucht hatte. Die *Scepter*-Reihe, preislich weiter unten angesiedelt, profitiert vom Prestige und der Publicity, die die *Crown* erntete. Die Namen der Zigarren (bei *Scepters* etwa *Chubby*, *Low Rider* und *Shorty*) sind ein deutlicher Versuch, »hip« und jugendlich zu wirken.

Die zwei Reihen sind unterschiedlich, aber elegant verpackt: die *Scepters* in Dosen, die *Crowns* in Streichholzschachteln nachempfundenen Dreier-Metallkisten mit Reibefläche an der Seite und beigelegten Zündhölzern. Derzeit gibt es vier (früher drei) *Crowns*-Formate, alle mit großem Ringmaß (die jüngste, *Barrel*, ist mit 62/24,3 mm die dickste), und fünf *Scepters*, die etwas kleiner sind. Beide werden in der Dominikanischen Republik unter Leitung des Zigarrenmeisters Hendrik Kelner gefertigt. Die Reihen werden mit Sicherheit weiter ausgebaut, was die gesamte Zino-Marke verändern könnte.

Mouton Cadet No. 1: Ringmass **44 (17,46 mm),** Länge **165 mm (6½ Inches)**

Mouton Cadet No. 5: Ringmass **42 (16,67 mm),** Länge **127 mm (5 Inches)**

Mouton Cadet No. 6: Ringmass **50 (19,84 mm),** Länge **127 mm (5 Inches)**

Mouton Cadet Torpedo: Ringmass **54 (21,44 mm),** Länge **132 mm (5¼ Inches)**

Die Einlageblätter für Platinum-*Zigarren reifen mindestens vier Jahre und bestehen aus drei Sorten dominikanischem Tabak sowie einem peruanischen Blatt, das Davidoff nie zuvor verwendet hat. Die Umblätter sind* Connecticut Shade, *die Deckblätter aus ecuadorianischem, ein Jahr gereiftem* Connecticut Seed. *Der Geschmack ist ausgesprochen voll, intensiv, komplex und mild. Die Bauchbinde der Zino-*Platinum-*Serie ist auf Seite 160 abgebildet.*

HABANA
SANCHO PANZA
CUBA
BOLIVAR
HABANA
R
1845
Habanos

ZIGARREN

Tipps & Preise

Gegenüberliegende Seite: Zu jeder Tageszeit passt eine andere Zigarre. Mehr dazu auf Seite 164.

Eine Sammlung von Wissenswertem und Kuriosem rund um die Zigarre, von den Lieblingsmarken großer Connaisseure und Zigarren-Fachleute über verrückte Preise bis zu praktischen Ratschlägen des Autors zu Auswahl und Genuss von Zigarren.

Bruce Lewis' Auswahl: Zigarren für alle Tageszeiten

Bruce Lewis ist International Development Manager bei General Cigar International. Er hat sein gesamtes Arbeitsleben dem Tabak gewidmet, seine besondere Vorliebe gilt handgemachten Zigarren. Als Verantwortlicher für internationale Geschäftsbeziehungen bei General Cigar reist er um die Welt, besichtigt Plantagen, Manufakturen, Groß- und Einzelhändler und beurteilt Zigarren aller Formate und Geschmacksrichtungen. Er hat hunderte von Schulungen zum Thema Zigarren geleitet und wird immer wieder gern als Vortragsredner eingeladen.«

- »Meine erste Zigarre, wenn ich morgens ins Büro komme, ist entweder eine Macanudo *Hyde Park Café* oder eine Macanudo *Vintage 1997 No. II*. Beide sind recht mild und schmecken sehr angenehm. Die *Café* ist ölig mit gutem Zedernholz-Finish, die *Vintage* dagegen sehr elegant und raffiniert. Sie passt perfekt zu einer schönen Tasse englischem Frühstückstee.«

- »Nach dem Mittagessen zünde ich mir zu einem Espresso gerne eine Macanudo *diplomat maduro* an. Diese Zigarre ist von mittlerem Körper, hat exzellente Tiefe und einen komplexen Geschmack. Im Kern ist er würzig-süß, im lang anhaltenden Finish hat er starke Erd- und Leder-Noten. Die Süße dieser Zigarre umschmeichelt das bittere Aroma des starken Kaffees.«

- »Vor dem Abendessen bevorzuge ich eine Zigarre, die zum Aperitif passt, etwa einem Glas Champagner oder einem Martini. Besonders schmeckt mir da die Excalibur *perfect unico*. Sie ist reich an Geschmack, doch wunderbar ausgewogen und sanft, besitzt eine gewisse Nussigkeit und das waldige Finish hat eine lieblich ölige Dichte. Und wichtig: Sie erschöpft den Gaumen vor dem Essen nicht.«

- »Nach dem Abendessen schätze ich eine starke Zigarre, die aber zugleich reich und komplex im Geschmack sein sollte, weil ich zur letzten Zigarre des Tages gerne Cognac oder alten Rum trinke. Meist greife ich zu einer El Credito *torpedo No. 2 natural*. Sie hat mittleren bis vollen Körper und einen schönen runden Kern aus pfeffriger Würze. Das Finish ist lang, würzig und ledrig. Wenn mir nach einer noch reicheren, komplexeren, robusteren Zigarre ist, eignet sich die neue El Credito *Serie R No. 6* am besten.«

Oben: Bruce Lewis.

Gegenüber (im Hintergrund): Marlene Dietrich.

Die Lieblingshavannas von Simon Chase

Außerhalb Kubas wird man kaum einen größeren Experten für Havannas finden als Simon Chase, Marketing-Direktor des britischen Zigarrenimporteurs Hunters & Frankau. Mit seinem Wissen und seiner Begeisterung unterstützte er viele Autoren von Zigarrenbüchern und trug wesentlich zur Entwicklung des Magazins *Cigar Aficionado* bei.

»Nach fast 30 Jahren im Havanna-Geschäft fällt es mir nicht leicht, zehn Zigarren auszuwählen«, sagt er. »Jede der Folgenden hat mir irgendwann einmal besonderen Genuss bereitet und sich über die Jahre als verlässlich erwiesen.«

Simon Chases Top Ten

Ramon Allones Specially Selected
»Fragte man mich, welche Zigarre ich wählen würde, wenn ich vor einem Exekutionskommando stünde, wäre es diese. Eine traditionelle *robusto* von reichem, erdigem Geschmack für besondere Momente, nicht für jeden Tag.«

Partagas lusitania
»Vor dem Erschießungskommando die bessere Wahl – denn sie ist länger. Eine reiche Zigarre, die beim Rauchen eine ganze Palette von Geschmäcken bietet. Am besten wählt man eine Zigarre aus einem *Cabinet-Selection*-50er-Bund.«

Montecristo No. 2
»Die definitive *piramide* oder *torpedo*; sie hat viele Rivalinnen, bleibt aber bisher unerreicht.«

Punch petit corona del Punch
»Dies ist meine bevorzugte *petit corona* oder *mareva*, vor allem deshalb, weil sie auch in schwierigen Zeiten bewundernswerte Beständigkeit bewiesen hat.«

Cuaba divinos
»Relativ neu auf meiner Liste, schließlich wurde sie erst 1996 eingeführt. Ein würziger, kurzer Rauchgenuss, der zum Morgenkaffee den Gaumen weckt.«

Cohiba Siglo III
»Hat sich an dem Abend, als wir 1993 in London die *Siglo*-Reihe einführten, als mein Favorit erwiesen, und dabei ist es geblieben. Doch Achtung: Da stimmen mit nicht alle zu.«

Cohiba Reserva piramide
»Eine *piramide*, die mit der »Monte« *No. 2* konkurrieren kann. Selten und nicht billig, aber sie ist die Suche und den Preis wert. Alle Tabake wurden drei Jahre lang gereift, ehe sie Ende 2002 zu Zigarren verarbeitet wurden.«

Romeo y Julieta cedros No. 1
»Romeos einzige *Lonsdale* und eine meiner Favoritinnen. Die Zedernholzhülle gibt ihr ein besonderes Aroma.«

Partagas short
»Ein kurzer, würziger Rauchgenuss mit gutem Ringmaß. Früher bevorzugte ich die *Cabinet-Selection*-50er-Bunde, heute kann die Version in etikettierten Kisten mithalten.«

Trinidad coloniales
»Ein echter Newcomer, erst seit 2003 im Handel. Raul Valladares, der die Mischung kreiert hat, strebte nach Duft und Aroma – und hat beides erreicht. Ein großer Sommer-Rauchgenuss.«

10 berühmte Zigarrenraucherinnen

Drew Barrymore	Madonna
Marlene Dietrich	Demi Moore
Linda Evangelista	George Sand
Whoopi Goldberg	Claudia Schiffer
Lauren Hutton	Virginia Woolf

Christie's Top Ten – die teursten Auktionen

Seit 1999 finden im Londoner Auktionshaus Christie's zweimal jährlich Zigarrenversteigerungen statt. Davor wurden Zigarren bei Weinauktionen mit verkauft. 300–400 Kisten kommen jedes Mal unter den Hammer. Laut Auskunft des Auktionators Brian Ebbesen sind dies die höchsten Preise, die in den letzten Jahren erzielt wurden. Die folgenden Angaben sind dem Verkaufskatalog entnommen.

- Partagas *lusitanias 109* (spitzes Ende) Prä-Embargo. 3 Zigarren in Pappschachtel. Verkauft für 4783 EUR – Weltrekord.
- Davidoff *80. Aniversario* (1986). Kiste mit 10 Zigarren. Verkauft für 12.320 EUR.
- Davidoff *80. Aniversario* (1986). Kiste mit 20 Zigarren. Verkauft für 18.843 EUR.
- Dunhill *cabinetta* (Mitte der 1980er). Verkaufspreis 9567 EUR für 25 Zigarren.
- Partagas *lusitanias 150. Aniversario* (limitierte Auflage von nur 11 Kisten mit je 25 Zigarren, 1995). Verkaufspreis 5218 EUR für 25 Zigarren.
- Ramon Allones *gigantes 109* (spitzes Ende) von 1975. Verkaufspreis 5218 EUR für 25 Zigarren.
- Partagas *Churchills*. 1 Kiste mit 100 Stück von 1973. Verkaufspreis 17.394 EUR, eine weitere Kiste verkauft für 14.195 EUR.
- Montecristo *Selección suprema No 1*. Kiste mit 100 Zigarren. Verkauft für 10.146 EUR.
- Davidoff *Châeau Lafite*. Kiste mit 50 Stück. Verkauft für 2319 EUR.
- Davidoff *Château Haut-Brion*. Kiste mit 50 Stück. Verkauft für 2174 EUR.

Die 10 teuersten Zigarren bei Davidoff in London

Die Preise galten zur Zeit des Redaktionsschlusses und sind daher nicht aktuell. Anhaltspunkte für die Höchstpreise auf dem internationalen Markt können sie dennoch liefern.

- Cuaba *diademas* (*Limited Edition*): 57,69 EUR
- Cohiba *double corona* (*Limited Edition*): 48,53 EUR
- Montecristo *A*: 45 EUR
- Hoyo de Monterrey *particulares* (*Limited Edition*): 42 EUR
- Davidoff *Aniversario No. 1 tubos* (Dominikanische Republik): 42 EUR
- Cohiba *esplendido*: 37,57 EUR
- Davidoff *Double R* (Dominikanische Republik): 37,34 EUR
- Cohiba *piramides* (*Limited Edition*): 34,61 EUR
- Cuaba *salomon* (*Limited Edition*): 32,32 EUR
- Montecristo *double coronas* (*Limited Edition*): 30,73 EUR

Alle diese Zigarren haben große Ringmaße (47–55). Ordnet man die Liste nach Größe (Länge und Ringmaß), zeigt sich, welche Zigarren die teuersten pro Zug sind:

- Cohiba *double corona*
- Cohiba *esplendido*
- Cuaba *diademas*
- Cohiba *piramides*
- Montecristo *A*
- Davidoff *Aniversario No. 1 tubos*
- Davidoff *Double R*
- Hoyo de Monterrey *particulares*
- Montecristo *double corona*
- Cuaba *salomon*

Weitere Rekordpreise für Zigarren

• Ende 1996 kaufte Handelsagent Peter de Savary 163 Havannas, 1857 und 1858 für den Herzog von Buccleuch gefertigt, für 25.511 EUR bei Christie's: 157 EUR pro Stück.

Im Mai 1997 ging bei einer Auktion in Genf eine Kiste mit 25 Trinidads (damals noch nicht im Handel erhältlich) für 10.036 EUR weg: 402 EUR pro Zigarre.

• Ebenfalls 1997 erzielte einer von 501 *1492*-Humidoren, hergestellt zum 500. Jahrestag von Kolumbus' Reise 1992, einen Preis von 21.724 EUR: je 435 EUR für die enthaltenen *corona-gorda*-Zigarren. Der Einführungspreis der Kisten hatte bei »nur« 1232 EUR gelegen.

• Im November 1997, vor der Markteinführung der Marke, fand eine Kiste mit 25 Trinidads in Genf für 14.335 EUR einen Käufer: 573 EUR pro Stück.

• Im Mai 1999 erzielten zwei Kisten mit Hoyo de Monterrey 9 ¼-Inch-*figurados* aus der Zeit vor der Revolution, die einst dem ehemaligen kubanischen Botschafter in Frankreich, Hector Ayala, gehört hatten, je 4495 EUR – 899 EUR pro Zigarre.

• Ende der 1990er-Jahre bot Sandy Perceval 600 Zigarren (500 davon in gutem Zustand) von 1864 an. Sie stammten aus dem Besitz eines Vorfahren und waren im feuchten Keller des Familienanwesens Temple House im irischen Sligo aufbewahrt worden. Experten stellten schließlich fest, dass die Zigarren nicht aus Kuba, sondern von den Philippinen stammten. Dennoch bot ein begeisterter Sammler aus den USA eine Million Dollar für sie.

• Die letzten paar Macanudos aus der 1979er-Tabaklese wurden Ende 2003 im Fumoir des Londoner Claridge's-Hotels für je 319 EUR verkauft.

Seltene kubanische Marken und Zigarren

Marken und Formate aus der Zeit nach der Revolution, die eingestellt wurden, und Zigarren aktueller Marken, die zu besonderen Anlässen in Spezialformaten gefertigt wurden.

- Belinda (handgemacht, lange Einlage, in den 1960er-Jahren eingestellt)
- Bolivar *Gold Medal* (zur Hälfte in Goldfolie gehüllt, eingestellt 1992)
- Cohiba *30. Aniversario* (1996)
- Cohibas (von vor 1992)
- Cohiba *piramide*
- Cuaba *distinguidos*
- Davidoff *Château Mouton Rothschild*
- Davidoff *Dom Perignon*
- Dunhill *atado*
- Dunhill *estupendo*
- Dunhill *malecón*
- Dunhill *mojito*
- Dunhill *varadero*
- Hoyo de Monterrey *obsequios* (in den 1970er-Jahren eingestellt)
- Hoyo de Monterrey *opera* (in den 1980er-Jahren eingestellt)
- Hoyo de Monterrey *odeon* (in den 1980er-Jahren eingestellt)
- H. Upmann *crystales* (in gläsernen Gefäßen verkauft, in den frühen 1990er-Jahren eingestellt)
- José L. Piedra (lange Einlage, vor den 1990ern)
- La Escepción
- Montecristo *robusto*
- Partagas *fabulosos* (Anfang der 1970er-Jahre eingestellt)
- Partagas *salomones No. II*
- Por Larrañaga *magnum*
- Romeo y Julieta *fabulosos* (Ende der 1980er-Jahre eingestellt)
- Siboney (nur ein Format)

Links: Edward Sahakian im Havanna-Raum des Londoner Davidoff-Ladens.

Die 10 meistverkauften Zigarren im Londoner Davidoff-Laden

Montecristo *No. 4*
Montecristo *No. 3*
Montecristo *No. 2*
Cohiba *robusto*
Partagas *Serie D, No. 4*
Hoyo de Monterrey *Epicure No. 2*
Cohiba *Siglo II*
Davidoff *Special R*
Davidoff *No. 2*
H. Upmann *corona junior*

Edward Sahakians 10 Lieblingszigarren

Edward Sahakian, Inhaber des Davidoff-Ladens in London, ist einer der bekanntesten und angesehensten Zigarrenhändler der Welt. Seine Begeisterung für Zigarren und sein großes Wissen, das er gerne weitergibt, haben ihn berühmt gemacht. »Ich schätze milde Zigarren sehr«, sagte er. »Daher neigt meine Auswahl zur milderen Seite.«

Davidoff *No. 3* (Dominikanische Republik)
Davidoff *No. 2* (Dominikanische Republik)
Cohiba *panatela* (Kuba)
Trinidad *reyes* (Kuba)
Hoyo de Monterrey *double corona* (Kuba)
Cohiba *corona especial* (Kuba)
Avo *allegro* (Dominikanische Republik)
Paul Garmirian *especial* (Dominikanische Republik)
H. Upmann *corona junior* (Kuba)
Trinidad *robusto extra* (Kuba)

Unten: Der älteste Davidoff-Laden in Genf.

Anwer Batis Sammlung von Zigarrenzitaten

»Der wahre Raucher versucht nicht, den Vesuv zu imitieren.« **(Auguste Marseille Barthelémy)**

»Wenn es eine Frau versteht, ihrem Mann die richtigen Zigarren zu kaufen, ist beider Beziehung gesegnet.« **(Colette)**

»Eine gut gewählte Zigarre ist wie eine Rüstung und nützlich gegen die Qualen des Lebens. Ein bisschen blauer Dunst vertreibt wundersamerweise alle Sorgen.« **(Zino Davidoff)**

»Wie die Geburt eines Genies der eines Idioten gleicht, so gleicht auch das Ende einer Havanna-*corona* dem einer Fünf-Cent-Zigarre.« **(Sacha Guitry)**

»Die beste Zigarre ... ist in ein Blatt gehüllt, das sich im Mund nicht löst und sein Aroma bis zum Ende behält.« **(W. Somerset Maugham)**

»Jeder Zigarrenraucher ist ein Freund, denn ich weiß, was er fühlt.« **(Alfred de Musset)**

»Zigarren lindern den Schmerz und des Menschen Einsamkeit mit gnädigen Bildern.« **(George Sand)**

»Ich schwöre und glaube, dass die Zigarre einer der größten leiblichen Genüsse meines Lebens ist – gütiger Begleiter, sanftes Stimulans, liebenswürdiger Trost, Befestiger der Freundschaft.« **(William Makepeace Thackeray)**

»Die Zigarre sollte, wie die Pfeife, Ihrem Körperbau angepasst sein.« **(Kees Van Dongen)**

»Noch der nutzloseste und schlimmste Tag erscheint wohl zugebracht, wenn man durch den blauen, duftenden Rauch einer Havanna auf ihn zurückblickt.« **(Evelyn Waugh)**

»Ich würde lieber mit einer Zigarre im Mund sterben als mit Stiefeln an den Füßen.« **(Darryl F. Zanuck)**

Die meistverkauften Zigarrenmarken in den USA

Kubanische Zigarren werden in den USA nicht gehandelt.

Macanudo (Dominikanische Republik)

Punch (Honduras)

Partagas (Dominikanische Republik)

La Gloria Cubana (Dominikanische Republik)

Hoyo de Monterrey/Excalibur (Honduras)

Hoyo de Monterrey (Dominikanische Republik)

Arturo Fuente (Dominikanische Republik)

Montecristo (Dominikanische Republik)

Romeo y Julieta (Dominikanische Republik)

Davidoff (Dominikanische Republik)

Padrón (Nicaragua)

12 Tipps zur Zigarrenauswahl von Anwer Bati

1 Vergleiche Zigarren unter ähnlichen Bedingungen.

2 Das Deckblatt sollte leicht glänzen, glatt und unbeschädigt sein und keine merklichen Adern aufweisen. Es sollte auch nicht zu spröde oder trocken sein. Es muss sich fest anfühlen, aber nicht zu steif – zwischen Finger und Daumen gedrückt, sollte es ein bisschen nachgeben und danach wieder Form annehmen. Zu weiche Zigarren sind schlecht gefüllt und brennen schnell ab, zu feste ziehen schlecht.

3 Beim Kauf einer Kiste Zigarren sollte man den Inhalt prüfen. Wenn einem das Aussehen der Zigarren nicht zusagt, kaufe man sie nicht. Alle Bauchbinden sollten in derselben Position sein, die Windungen der Deckblätter in dieselbe Richtung verlaufen. Die Zigarren müssen die gleiche Grundfarbe haben, die hellste Schattierung rechts, die dunkelste links liegen.

4 Achten Sie vor dem Rauchen auf Marke (und Herkunftsland), Format, Erscheinung und Bouquet (Geruch der Zigarre, besonders des Deckblatts), während des Rauchens auf Geschmack, Abbrand und Zug. Der Zug sollte leicht sein, der Rauch aber nicht zu heiß oder scharf.

5 Zigarren mit großem Ringmaß und Spezialformate wie *figurados* werden für gewöhnlich von den erfahrensten *torcedores* gefertigt, sind also meist besser gemacht als kleine Formate. Daher sind sie auch vergleichsweise teurer.

6 Der Geschmack wird mehr von der Einlagemischung als vom Deckblatt bestimmt. Mehr und mehr Hersteller ordnen ihre Zigarren durch entsprechende Auswahl der Deckblätter als mild, mittelstark oder stark ein, sodass dunklere Deckblätter oft starke Zigarren und hellere mildere kennzeichnen. Dies ist jedoch nicht immer zutreffend.

7 Viele erfahrene Zigarrenraucher beginnen den Tag gerne mit einer kleinen oder milden Zigarre. Nach dem Abendessen passen starke Zigarren. Die *robusto* erfreut sich als kurzer, kräftiger Rauchgenuss nach einem schweren Mittagessen wachsender Beliebtheit.

8 Eine starke Zigarre vor dem Mahl schmälert den Appetit und irritiert die Geschmacksnerven.

9 Wechseln Sie immer von milden zu starken Zigarren.

10 Das »beste Format« gibt es nicht. Ein altes kubanisches Sprichwort sagt: »Wer auf die 30 zugeht, nimmt Ringmaß 30, wer auf die 50 zugeht, Ringmaß 50.«

11 Auch die »beste Zigarre« gibt es nicht – sehr wohl jedoch eine teuerste. Marken wie Cohiba verdanken ihren Preis oft mehr ihrem Status als ihrer Qualität. Die beste Zigarre ist die, die man am liebsten mag.

12 Scheinbare Schnäppchen entpuppen sich oft als Fälschungen, maschinengefertigte Sorten kubanischer Marken oder nichtkubanische Versionen berühmter Havannas.

Anwer Batis Liste von Drinks zur Zigarre

Starke Zigarren: Cognac, Armagnac, Islay-Whisky – etwa Lagavulin oder Ardbeg, Rum

Zigarren mit mittlerem Körper: Portwein, Madeira, mittelschwerer Sherry

Milde Zigarren: Leichter Sherry, Highland-Malt-Whisky, schwerer Rotwein

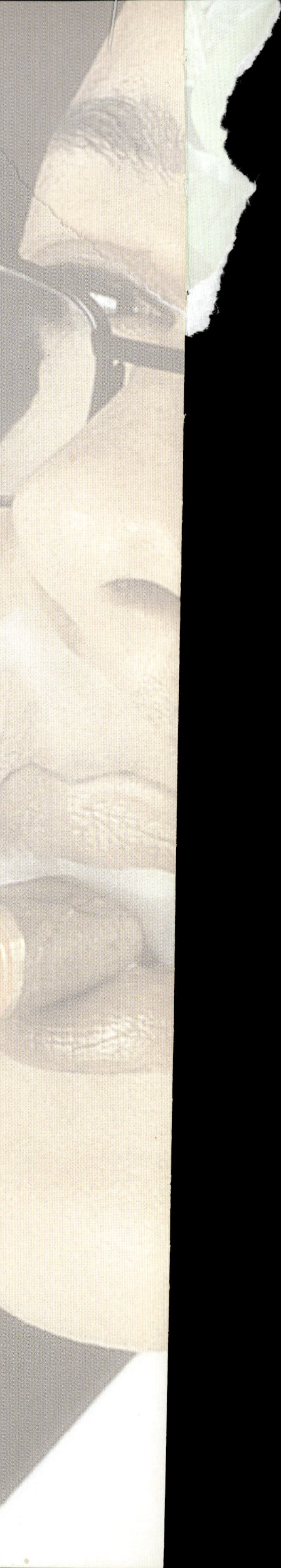

15 Tipps für Zigarrenraucher von Anwer Bati

1 Schneiden Sie Zigarren vorsichtig an.

2 Schneiden Sie schnell, sauber und gerade und lassen Sie den unteren Teil der Kappe intakt, um das Deckblatt nicht zu beschädigen.

3 Das Anbohren der Kappe verdichtet den Tabak, wodurch sich die Zigarre überhitzt.

4 Überhasten Sie nichts. Halten Sie den Fuß der Zigarre im rechten Winkel an die Flamme und drehen Sie sie, bis der Fuß gleichmäßig angekohlt ist. Ziehen Sie dann unter weiteren Drehungen, ohne die Flamme zu berühren, bis sie brennt. Dann blasen Sie sachte auf das brennende Ende (während Sie die Zigarre weiter drehen), damit sie gleichmäßig glüht. Nun können Sie rauchen.

5 Bei einer *figurado* muss man den Fuß nicht ankohlen; halten Sie sie nur an die Flamme und paffen Sie sachte.

6 Ziehen Sie nicht zu oft – sonst überhitzt sich die Zigarre.

7 Gut gereifte Zigarren brennen ruhiger als jüngere.

8 Wirklich gute Zigarren bilden einen viel dünneren Kohlerand am brennenden Ende als schlechtere.

9 Eine mittelgroße Zigarre hält etwa eine halbe Stunde. Wählen Sie das Format entsprechend der vorhandenen Zeit.

10 Die Zigarre nicht auf ganzer Länge »vorwärmen«.

11 Stippen Sie Ihre Zigarre nie in Portwein oder Brandy.

12 Vermeiden Sie die Unsitte, die Zigarre am Ohr zu rollen.

13 Entfernen Sie die Binde erst, wenn Sie ein paar Minuten geraucht haben, um das Deckblatt nicht zu beschädigen.

14 Eine erloschene Zigarre kann man auch Stunden später weiterrauchen, besonders wenn sie großes Ringmaß hat.

15 Warten Sie mit dem Abstreifen der Asche, bis sich ein Aschezylinder von etwa 2,5 cm Länge gebildet hat.

Einige führende Zigarrenläden:

- ALFRED DUNHILL: Boston, Genf, London, Los Angeles, New York, San Francisco, Sydney und viele weitere Städte
- ANDRINGA: Amsterdam
- CASA GIMENO: Barcelona
- DAS TABAKHAUS: Berlin
- DAVIDOFF: Amsterdam, Berlin, Genf, Hongkong, London, Montreal, New York und viele weitere Städte
- GEORGETOWN TOBACCO: Washington D. C.
- GÉRARD PÈRE ET FILS: Genf
- HAJENIUS: Amsterdam
- JAMES J. FOX & ROBERT LEWIS: London
- LA CASA DEL HABANO: Berlin, Köln, Düsseldorf sowie einige weitere Städte in aller Welt
- LA CIVETTE: Paris
- LINZBACH: Düsseldorf
- MAX ZECHBAUER: München
- NAT SHERMAN: New York
- SINCATO: Rom
- WOLSDORFF: Bonn, Düsseldof, Hamburg
- CIGARNEWS.COM: hilfreiche Informationsquelle für Casa Blanca und andere US-Zigarren im Internet

ZIGARREN
Kunst & Accessoires

GEGENÜBERLIEGENDE SEITE: Villa-Rotonda-Humidor von David Linley. Das elegante Modell ist von dem italienischen Architekten Andrea Palladio (1508–1580) inspiriert, dessen Entwürfe von Landvillen im Veneto weltberühmt sind. Die Vorlage für den Humidor lieferte die 1567 fertig gestellte »Villa Rotonda« bei Vicenza. An Hölzern kamen unter anderem Bergahorn, Erdbeerbaum, Esche, Rosenholz und Makassar-Ebenholz zur Verwendung.

DIESES KAPITEL UNSERES BUCHES ist der Schönheit dekorierter Zigarrenkisten, den besten (und teuersten) Anschneidern sowie wahren Kunstwerken von Humidoren (siehe links sowie die Seiten 176, 177, 180–181 und 184–185) gewidmet.

Die farbenfrohen Bilder (oder *vistas*) auf Kistendeckeln, Zigarren-Bauchbinden, selbst die oft grellen Randdekorationen (*habilitaciones*) der Kisten, wecken die Leidenschaft von Sammlern – man nennt sie Vitolphile –, am begehrtesten sind natürlich alte Originale. Ramon Allones schmückte in den 1840er-Jahren als erster Produzent Zigarrenkisten mit Illustrationen. Mit dem Wachstum der Industrie fungierten sie bald nicht mehr als bloße Verschönerung, sondern dienten den Marken als eine Art Aushängeschild, mit dem sie sich von der Konkurrenz absetzten. Erst in jüngerer Zeit führten Marken wie Cohiba, Trinidad, Davidoff und Vegueros simplere Gestaltungen ein. Andere wiederum, etwa San Cristobal und Vegas Robaina, halten an der traditionellen Formgebung fest. Neben Hülsen aus Glas und Keramik für Jubiläumseditionen verwenden einige Hersteller für die Verpackung auch neue Materialien – man denke etwa an die Blechschachteln der Zino-Reihe *Platinum Scepter*. Seit langem lassen die fein kolorierten *vistas* auf den Schachteln der El Rey del Mundo (siehe rechts) Sammlerherzen höher schlagen.

Zigarren-Bauchbinden wurden (wahrscheinlich in den 1860er-Jahren) von Gustavo Bock erfunden und verbreiteten sich schnell. Möglicherweise kennzeichnete Bock seine Havannas deshalb mit Banderolen, weil zu jener Zeit viele deutsche Produzenten ihre Zigarren als kubanische ausgaben. Romeo y Julieta führte als erste Havanna-Marke persönliche Bauchbinden ein – eine Idee, die vor allem reiche Raucher ansprach. Auch viele Großkonzerne (etwa Shell und Ford) ließen ihre Zigarrenlieferungen mit eigenen Banderolen ausstatten. Andere Bauchbinden erinnerten an große Ereignisse oder zeigten berühmte Raucher. In Kuba wurde die Anfertigung personalisierter Bauchbinden nach der Revolution weitgehend eingestellt. Por Larrañaga stellte allerdings einmal Banderolen mit dem Porträt von Che Guevara her, und auch Cohibas, die an auswärtige Würdenträger verschenkt wurden, trugen häufig den Namen ihrer Empfänger. Einige Marken verwenden mehrere Designs.

Der Zigarrenboom der 1990er-Jahre brachte eine überwältigende Zahl schöner Zigarren-Accessoires auf den Markt – zu oft ebenso überwältigenden Preisen. Die Auswahl an Anschneidern mit Guillotinentechnik in runden und rechteckigen Formaten reicht von Plastikvarianten, die Zigarrenhändler oft gratis verteilen, bis zu Modellen aus wertvollen Metallen, die hunderte von Euro kosten. Zigarrenscheren bestehen für gewöhnlich aus Edelstahl, die Griffe sind jedoch manchmal vergoldet. Je nach verwendetem Material kosten auch Zigarrenfeuerzeuge von ein paar Hundert bis zu mehreren tausend Euro, ebenso silberne Streichholzschachteln oder Behälter aus Mahagoni und Leder. Dasselbe gilt für spezielle Aschenbecher aus edlen Materialien. Kleine Reisehumidore – aus Holz, Metall oder Leder – passen, wenn man unterwegs ist, ins Handgepäck. Man erhält Aktenmappen mit eigenen Zigarrenfächern samt Luftbefeuchter. Hochwertige Taschenetuis bestehen aus gefüttertem Leder, das oft zusätzlich mit Metall verstärkt ist.

Gegenüberliegende Seite: *Limitierte Serie von Andy-Warhol-Anzündern der Firma S. T. Dupont. Warhol ahmte in den 1960er-Jahren im Siebdruck-Stil die Techniken kommerzieller Massenproduktion nach; viele Werke des Pop-Art-Künstlers zeigen Berühmtheiten wie Elvis Presley und Marilyn Monroe.*

Elvis Presley 1964
Marilyn Monroe 1964

UNTEN: Ein Humidor der für ihre eindrucksvollen Designs berühmten Firma Ellie Bleu. Das handgearbeitete Flor-de-Alba-Cave-200-Modell ist in Bergahorn (naturfarben und gefärbt: rot, blau, grün, goldgelb und hellgelb) und Mahagoni lieferbar.

LINKS: Das Modell »The Meeting« aus David Linleys »Illusion«-Reihe. Die Preise für Humidore reichen von unter 100 Euro (einfache Modelle, meist aus Kunststoff) bis zu vielen tausend Euro – für wahre Prachtmöbel aus Mahagoni oder Nussbaum, ausgelegt mit Zedernholz. Limitierte Editionen bestehen aus seltenen Hölzern. Solche von bekannten Designern wie David Linley speziell angefertigte Versionen sind auch preislich ein echter Luxus.

RECHTS: Ein weiteres Modell aus der »Illusion«-Reihe. Dieser ungewöhnliche Humidor wirkt, als wäre er offen gelassen und eine Schublade entfernt worden. Das Trompe-l'Œil-Design besteht aus meisterhafter Intarsienarbeit. Für die Fertigstellung in 300 Stunden Arbeit mussten über 1700 Stücke Furnier von seltenen Hölzern (zum Beispiel das rote Holz der Flügelnuss und schwarzes Ebenholz) zugeschnitten werden. Er bietet Platz für 300 Zigarren und besitzt einen versteckten Schließmechanismus aus handgeschmiedeten Schlössern und Armaturen.

OBEN: Der Schwanz dieses prächtigen »Feuerzeugdrachens« besteht aus dem Horn der Hirschziegenantilope von original viktorianischen Jagdtrophäen aus der damaligen britischen Kolonie Indien. Die wenigen stolzen Besitzer eines solchen Feuerzeugs nutzen es vor allem als Tischdekoration. Erhältlich ist das Feuerzeug nur auf spezielle Bestellung beim Londoner Kaufhaus Harrods, mit zwei Monaten Lieferzeit.

Links: Eine Schachtel Carlos Toraño Exodus 1959. *Auf dem Etikett im Deckel steht: »Diese Zigarre erinnert an die Auswanderung kubanischer Zigarren-Familien und deren Auswirkung auf die Zigarrenindustrie nach der Verstaatlichung aller Tabakplantagen und Zigarrenmanufakturen durch die kubanische Regierung 1959.« Die Toraño gehörten zu jenen Familien.*

Rechts: Die Arturo Fuente Opus X. *Diese »Einmal-im-Leben«-Zigarren ließ Carlos Fuente jr. für seinen persönlichen täglichen Bedarf fertigen. Sie zählen aufgrund limitierter Produktion zu den gesuchtesten und seltensten Zigarren der Welt.*

Links: Kistendekoration von Saint Luis Rey: Viele vistas *auf Zigarrenkisten zeigen Porträts der Markengründer oder berühmter Persönlichkeiten. Auch Szenen aus der spanischen Geschichte, königliche Embleme und, wie hier, Bilder aus dem Leben in Kuba waren und sind Themen der Kistendekorationen.*

GEGENÜBERLIEGENDE SEITE: Partagas-Humidor aus westafrikanischem Bubinga-Rosenholz, entworfen und vollendet von dem britischen Design-Handwerker Martin Lane. Er besteht aus drei Teilen, die jeweils durch einen versteckten Druckknopf zu öffnen sind. Die Schubladen im Inneren werden im Laserverfahren mit Etiketten verschiedener Zigarrenmarken verziert.

LINKS: Martin Lane widmete diesen Humidorschrank mit Bubinga-Fischgrät-Furnier einer der ältesten Havanna-Marken. Er besteht aus Bergahorn, Ebenholz und belizischer Zeder. Die Frontseiten der Schubladen tragen das aufgelaserte Partagas-Markenzeichen.

RECHTS: Austernkiste von Martin Lane mit afrikanischem Wengé-Holz-Furnier und 16 Buchsbaum-Austern auf der Oberseite, separiert durch Einlagen aus Ebenholz und Buchsbaum. Der Innenraum ist mit honduranischem Zedernholz verkleidet und enthält einen gefächerten, heraushebbaren Einsatz sowie eine verstellbare Zwischenwand.

Zu den führenden Herstellern von Accessoires zählen S. T. Dupont, Davidoff, Dunhill, Ronson, Cartier, Colibri und Peterson. Hier sehen Sie eine Auswahl ihrer neuesten und teuersten Stücke.

Oben: Ein Set von Cohiba-Accessoires mit Lederbrieftasche, Schlüsselring, gelbem und schwarzem Zigarrenetui, entworfen für die Cohiba Siglo 6*, eine Zigarre von großem Ringmaß.*

Oben: Aschenbecher aus der »Darlings«-Collection, gestaltet von Enzina Fuschini, hergestellt von Limoges, dem Produzenten des weißesten Porzellans der Welt. Das Cocktailparty-Design mit schwarz-weißen Figuren entstand auf Grundlage des Gestaltungsmottos für eine »Black and White«-Wohltätigkeitsgala.

Links: Für Zigarrenliebhaberinnen: Diese Handtaschen werden aus alten Zigarrenkisten gefertigt und mit verschiedenen Innenverkleidungen ausgestattet.

Oben: Schubladen mit vielen Accessoires, Aschenbechern, Feuerzeugen und zwei wildlederverkleideten Fächern für Anschneider und Feuerzeug.

Oben: Die Worshipful Company of Furniture Makers *in London verleiht für Möbelstücke, die sich durch außergewöhnliche Gestaltung und Handwerkskunst auszeichnen, ein Gildesiegel. Martin Lane erhielt für diesen Romeo-y-Julieta-Humidor den Guild Mark Nr. 353.*

Unten: Das Romeo-y-Julieta-Logo.

Rechts: Der Humidor enthält acht Schübe; die Stirnblenden bestehen aus Bergahorn mit fassettierter Glaseinlage.

Gegenüberliegende Seite: Humidor von Martin Lane zum 150-jährigen Jubiläum des Londoner Kaufhauses Harrods. Ausgezeichnet mit Guild Mark Nr. 286.

MONTECRISTO
LA FLOR DE CANO
J. CANO
HABANA
ROBAINA
CUABA
JOSE GENER
HABANA
COHIBA

ZIGARREN-
Raucher

GEGENÜBERLIEGENDE SEITE: Der Schauspieler und Regisseur Danny DeVito liebt Cohibas für sein Leben – in erster Linie corona especial *und* robusto *–, die er vom Davidoff-Shop in London bezieht, um das US-Embargo zu umgehen.*

IM FOLGENDEN FASZINIERENDEN »Who's who« der berühmten Zigarrenraucher paradieren die Großen der Welt – vom Weltmachtführer bis zum Hollywoodschauspieler – an uns vorüber. Das Image der Zigarre war immer stark mit den prominenten Liebhabern dieses ganz besonderen Genussmittels verbunden.

Adams, John Quincy

Sechster Präsident (1825–1829) der USA und Zigarrenliebhaber. Als Kind begleitete er seinen Vater John Adams (später der zweite Präsident der USA) nach Europa und ging dort zur Schule. Seine Zigarrenleidenschaft entwickelte er später auf Reisen als Diplomat. Nach dem Krieg zwischen Großbritannien und den USA 1812 handelte er 1814 den Friedensvertrag von Gent aus. Ein wichtiges Mitglied seiner Delegation war Henry Clay – siehe S. 191 –, nach dem eine der berühmtesten Zigarrenmarken benannt ist.

Barthélemy, Auguste Marseille

Der französische Dichter (1796–1867) schrieb ein *Handbuch über die Kunst des Rauchens*. Einer der 5000 Verse lautet: »Für jeden, der kein blutiger Laie ist, geht nichts auf der Welt über die Havanna-Zigarre. Die Sonne, die sie bräunt, ist stolzgeschwellt.«

Und er gab gute Ratschläge, wie etwa in den folgenden Sentenzen: »Man muss zu rauchen verstehen, um Entscheidungen treffen zu können. Der wahre Raucher versucht nicht, den Vesuv zu imitieren. Er demonstriert aber die Erfordernis, dass während drei Vierteln einer Stunde eine Zigarre in seiner Hand ruht, ohne auszugehen.«

Oben: *Otto von Bismarck (rechts) in Kriegsrüstung.*

Berle, Milton

Milton, eigentlich Milton Berlinger, war zuerst Vaudeville-Künstler, Radiokomiker und Gelegenheitsschauspieler. Zu seiner Begeisterung für feine Zigarren kam ein beträchtliches Fachwissen. Als die USA das Embargo über Kuba verhängten, legte er Vorräte von Dunhills, Upmanns und Davidoffs an, später bevorzugte er dominikanische Davidoffs, obwohl er sagte: »Eine *figurado*, Montecristo *No. 2*, rauche ich lieber als jede andere Zigarre. Ich liebe ihre Form.«

Bismarck, Otto von

Der »Eiserne Kanzler« rauchte leidenschaftlich Zigarren und trug dazu bei, das Zigarrenrauchen im deutschen Kaiserreich salonfähig zu machen. Als Bismarck nach der Kapitulation Frankreichs im Deutsch-französischen Krieg 1870/71 im Bois de Boulogne in Paris ausritt und plötzlich der Feindseligkeit der Pariser gewahr wurde, wendete er, so will es die Legende, eine bedrohliche Konfrontation ab, indem er einen Passanten um Feuer für eine Zigarre bat. Von Bismarck stammt auch die gar nicht preußisch klingende Lebensweisheit: »Mit einer Zigarre in der Hand hält man das Leben im Zaume.«

Bock, Gustavo (Gustave)

Dem Holländer (manche meinen Deutschen) wird die Erfindung der Zigarren-Bauchbinde zugeschrieben. Das hierfür meist angegebene Jahr 1850 ist wahrscheinlich nicht korrekt. Dies belegt Bocks Publikation

La Verdad Sobre la Industria del tabaco Habano (*Die Wahrheit über die Tabakindustrie Havannas*) (1904), die er während seiner Zeit als Direktor von Buck Dukes Tabak-Trust verfasste. Darin schreibt er: »Ich habe, während eines Aufenthalts auf dieser Insel von 46 Jahren, all meine Zeit der eingehenden Erforschung der besten Methode zur Herstellung von Havanna-Zigarren höchster Güte gewidmet …« – was nahe legt, dass er nicht vor 1858 nach Kuba kam. Er war einer der ersten Europäer, die eine kubanische Tabakplantage besaßen, und zeichnete verantwortlich für Marken wie El Aguila de Oro, La Flor de Henry Clay und Lords of England. Außerdem schrieb er das Buch *Die Kunst des Zigarrenrauchens*.

BONAPARTE, NAPOLEON III.

In seiner Regierungszeit als französischer Kaiser (1852–1870) bat man den Neffen Napoleons I., das Rauchen zu verbieten. Seine Antwort: »Dieses Laster bringt jedes Jahr 100 Millionen an Steuern ein. Gewiss werde ich es sofort verbieten – sobald man mir eine Tugend nennt, die ebenso viel Geld bringt.« Der leidenschaftliche Zigarrenraucher erhielt einmal 20.000 Havannas mit Monogramm geschenkt.

BURNS, GEORGE

Der US-Komiker, der 1996 100-jährig starb, war selten ohne Zigarre im Mund zu sehen. Dass er Reklame für die billige US-Marke El Producto machte, rechtfertigte er damit, dass teure Zigarren oft ausgingen und für seine Show unbrauchbar seien. Auf die Frage, was sein Arzt vom Rauchen halte, scherzte er: »Weiß ich nicht. Mein Arzt ist tot.«

BYRON, LORD

Byron gehörte zu den einflussreichsten romantischen Dichtern 19. Jahrhunderts. Seine Ode »Tobacco« in *The Island* endet mit den Zeilen:

So sehr du mich in diesen Formen reizt; ich harre
Deiner nackten Schönheit. – Zeig dich als Zigarre!

Eine kubanische Marke trägt seinen Namen; eine weitere, La Poeta, zeigt sein Porträt neben dem anderer großer Schriftsteller auf dem Etikett.

CAINE, MICHAEL

Der kürzlich zum Ritter geschlagene britische Filmstar raucht handgemachte Zigarren, seit er in den 60er-Jahren erste Erfolge feierte. Seine Zigarren kauft er in London, in 50er-Kisten zu je zehn Stück der Montecristo-Formate *1–5*, die er »Alle-Sorten-Kiste« nennt.

CARUSO, ENRICO

Der große, in Neapel geborene Opernsänger, der 1921 mit nur 48 Jahren starb, liebte Havannas so sehr, dass er in seine Verträge eine Klausel aufnehmen ließ, die ihm gestattete, »von dem Moment an, wenn sich der Vorhang hebt, in jedem Bereich der Bühne zu rauchen«.

CASTRO, FIDEL

Der kubanische Staatschef, der 1959 General Fulgencio Batista stürzte, war ein begeisterter Raucher, der sich oft mit Zigarre fotografieren ließ. Als er 1955 auf der Insel Pines in Gefangenschaft war, sandten ihm seine Gefolgsleute in Zigarren gerollte Botschaften. Einer von vielen Plänen der CIA, ihn zu ermorden, beruhte auf manipulierten Zigarren. Er hat das Rauchen vor Jahren aufgegeben, um seinen Landsleuten ein positives Beispiel zu geben. Seine Unterschrift wirkt indes nach wie vor verkaufsfördernd. Von 1993 bis 1997 erbrachten von ihm signierte Zigarrenkisten etwa eine Million Dollar.

Churchill, Winston

Einen berühmteren und hingebungsvolleren Zigarrenraucher als den britischen Premierminister zur Zeit des Zweiten Weltkriegs gibt es wohl kaum. Er sagte einmal: »Ich trage Kuba stets in meinem Mund.« Er bevorzugte große Zigarren (oft *double coronas*) mit dunklem Deckblatt – rauchte sie aber für gewöhnlich nur bis zur Hälfte. Und er gehört zu den wenigen, nach denen ein Zigarrenformat benannt wurde, zuerst von Romeo y Julieta, inzwischen von vielen anderen Marken. Das *Churchill*-Standardmaß ist 7 Inches (177,8 mm) bei Ringmaß 47, aber viele *Churchills* weichen leicht davon ab.

Er wurde 91 Jahre alt und soll während seines langen Lebens über 200.000 Zigarren geraucht haben. Viele bekam er gratis von Firmen wie Jamaica Tobacco Co. und Hoyo de Monterrey, damals im Besitz von Palicio. Churchill stritt regelmäßig mit den britischen Zoll- und Steuerbehörden, um die Zigarren, die er bekam, nicht verzollen zu müssen.

Seine Liebe zu Havannas erwachte, als er sich 1895, während des Spanisch-amerikanischen Krieges, als Reporter in Kuba aufhielt. Später versorgte er sich bei dem großen Londoner Zigarrenhändler Robert Lewis und bei Dunhill. Die Geschäftsbücher verzeichnen seine erste Bestellung 1900, die letzte einen Monat vor seinem Tod 1965.

Als der Dunhill-Laden während der deutschen Luftangriffe im Zweiten Weltkrieg von einer Bombe getroffen wurde, gab der erschöpfte Geschäftsführer um 2 Uhr morgens die lebenswichtige telefonische Meldung durch: »Ihre Zigarren sind in Sicherheit, Sir.« Churchills Lieblingszigarren während des Krieges kamen aus Jamaika: El Trovator. Der Grund war, dass Außenhandelsbeschränkungen keine Importe aus Kuba zuließen. Das nahe gelegene Jamaika, eine britische Kolonie, gehörte zum Sterling-Raum, daher wurden dort englisch-kubanische Manufakturen gegründet, die lokale und kubanische Tabake sowie Havanna-Deckblätter verarbeiteten. El Trovator war eine dieser Zigarren.

Martin Gilbert zitiert in seiner siebenbändigen Churchill-Biografie einen Minister, der den Premier mit Kollegen 1941 im unterirdischen Kabinettsbunker traf. »Ich muss Ihnen etwas zeigen«, sagte Churchill und wies auf einen großen Schrank im Queen-Anne-Stil mit der Inschrift: »To the Rt. Hon. Winston Churchill, PC, MP, Prime Minister of Great Britain. A tribute of admiration from the President and People of Cuba«. Churchill sagte: »Ich hatte heute ziemliche Probleme, das durch den Zoll zu bekommen.« Dann öffnete er eine der Schubladen mit Havannas, wandte sich an seine Minister und sagte: »Gentlemen, ich werde nun ein Experiment durchführen. Vielleicht endet es mit Freude, vielleicht betrüblich. Ich möchte jedem von Ihnen eine dieser großartigen Zigarren überreichen.« Nach einer Pause fuhr er fort: »Es könnte gut sein, dass sie alle ein tödliches Gift enthalten.« Später seien die Zigarren tatsächlich auf Gift untersucht worden.

Bei einem Essen, das er für den König von Saudi-Arabien gab, ließ er durch einen Dolmetscher mitteilen, »dass, falls es die Religion Seiner

Rechts: Winston Churchill.

Majestät verlangte, sich des Rauchens und des Alkohols zu enthalten, ich darauf hinweisen muss, dass meine Lebensregel das Rauchen von Zigarren und das Trinken von Alkohol als absolut heiligen Ritus vor, nach und, wenn es sein muss, während aller Mahlzeiten vorschreibt«.

Churchills Tochter, Lady Soames, erbte die Liebe zu Zigarren von ihrem Vater. Lord Wyatt berichtet in seinen skandalträchtigen Tagebüchern: »Mary rauchte nach dem Abendessen eine Zigarre. Eine ziemlich große. Sie sagte, ihr Papa rauche gar nicht so viele Zigarren, wie die Leute denken.« Tatsächlich behauptete ein Ende der 90er veröffentlichtes Buch, Churchill habe in den letzten 15 Jahren seines Lebens nur noch für Fotografen mit Zigarren posiert. Bei öffentlichen Auftritten im Krieg und danach pflegte Churchill seine Zigarre zwischen Zeige- und Mittelfinger zu wiegen, wenn er sein berühmtes »Victory«-Zeichen zeigte. Privat jedoch, das belegen Fotos, hielt er sie konventioneller, nämlich zwischen Daumen und Zeigefinger.

Eine der bekanntesten Fotografien von Churchill, Yousuf Karshs Porträt von 1941, zeigt ihn ohne die übliche Zigarre. Sie war dem höchst trotzig dreinblickenden Churchill weggenommen worden – von Karsh, der sich später erinnerte: »Churchills Zigarre war immer dabei. Ich hielt ihm einen Aschenbecher hin, aber er legte sie nie weg. (...) Dann trat ich zu ihm hin und sagte, ohne Vorbedacht, aber höchst respektvoll: ›Verzeihen Sie, Sir‹, und nahm ihm die Zigarre aus dem Mund. Als ich zu meiner Kamera zurückkehrte, schaute er so angriffslustig, als wollte er mich verschlingen.«

Cifuentes

Dieser großen Zigarrenherstellerfamilie, die wie viele nach der Revolution aus Kuba floh, gehörte seit 1920 die Partagas-Manufaktur und andere Marken, etwa Ramon Allones. Ramon Cifuentes (dessen Vater, der ebenfalls Ramon hieß, maßgeblich zum Aufstieg der Marke Partagas beitrug) kreierte 1978 die dominikanische Partagas-Marke, die General Cigar schließlich aufkaufte. Es gibt auch eine dominikanische Marke namens Cifuentes.

Clay, Henry

Der US-Staatsmann, Anwalt und Bauer (1777–1852) gab einer der bekanntesten kubanischen Marken des 19. Jahrhunderts, heute in der Dominikanischen Republik beheimatet, seinen Namen. Er liebte Zigarren und war berühmt für seine Schlagfertigkeit und Trinkfestigkeit.

Clinton, William Jefferson

Es ist schwer zu sagen, ob der 42. US-Präsident Bill Clinton (William Jefferson Blythe IV. getauft) noch Zigarren raucht. Seine Frau Hillary Rodham Clinton untersagte das Rauchen im Weißen Haus, Gerüchten zufolge soll er aber, als sie bei einer Frauenkonferenz in Peking weilte, heimlich eine Macanudo *Portofino* geraucht und auch die Rettung des Piloten Scott O'Grady in Bosnien 1995 mit seinem Sicherheitsberater Anthony Lake mit einer Zigarre gefeiert haben. Als zweiter US-Präsident überhaupt musste er sich 1999 einem Amtsenthebungsverfahren stellen, und sein Name wird dank der Affäre mit Monica Lewinsky für immer mit einer der berüchtigtsten Zigarren der Geschichte in Verbindung bleiben – die, soweit wir wissen, nicht geraucht wurde. Diese Zigarre soll ihm Yassir Arafat geschenkt haben.

Colette, Sidonie-Gabrielle

Die französische Romanautorin, die 1954 in Paris starb, stellte einmal fest: »Wenn es eine Frau versteht, ihrem Mann die richtigen Zigarren einzukaufen, ist beider Beziehung gesegnet.« In ihrer Erzählung *Gigi* sagt Tante Alicia zur kleinen Gilberte: »Wenn die Frau die Vorlieben des Mannes kennt – und dazu gehören die Zigarren – und der Mann weiß, was der Frau gefällt, sind sie für ihr gemeinsames Leben gerüstet …«

Coppola, Francis Ford

Der Regisseur weltbekannter Filme wie *Apocalypse Now*, *Cotton Club*, *Bram Stokers Dracula* und der Trilogie *Der Pate* hat seine Leidenschaft für Zigarren wohl von seinem Vater Carmine (der italienische Zigarren wie Toscani schätzte) geerbt. Sein Anschneider aus Gold und Silber gehörte einst Studio-Boss Jack Warner, der ihn lehrte, wie man eine Zigarre richtig anzündet. Außerdem ist er begeisterter und erfolgreicher Weinproduzent mit eigenen Weinbergen im kalifornischen Napa Valley.

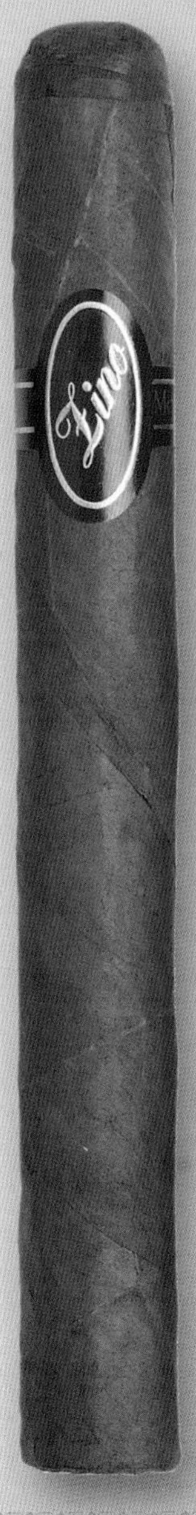

Davidoff, Zino

1906 in Russland geboren und einer der größten Namen in der Zigarrenwelt. Sein Vater besaß einen Tabakladen in Kiew, und nachdem die Familie 1912 in die Schweiz ausgewandert war, trat Zino in seine Fußstapfen. In den 20ern verbrachte er zwei Jahre in Kuba, lernte bei der Familie Palicio alles über Tabakanbau und Zigarrenherstellung und entwickelte eine Leidenschaft für Havannas. 1945 kreierte er in Zusammenarbeit mit der Manufaktur Hoyo de Monterrey (damals im Besitz der Palicios) seine *Château*-Serie und etablierte sich nach dem Zweiten Weltkrieg als wohl größter Zigarrenhändler der Welt. 1969 wurde eine Havanna-Marke (produziert in der Manufaktur El Laguito) mit charakteristisch weiß-goldener Bauchbinde nach ihm benannt. In den 1980ern entzweite sich Davidoff – dessen Firma damals dem Schweizer Konzern Oettinger gehörte – mit den Kubanern; seit 1990 kommen Zigarren mit seinem Namen aus der Dominikanischen Republik. 1983 führte Davidoff die in Honduras produzierte Marke Zino in den USA ein. Für kubanische Davidoffs werden nach wie vor sehr hohe Preise bezahlt. Zino Davidoff sagte einmal: »Ich habe 60 Jahre lang mit Kuba zusammengearbeitet. Kuba war wie eine nette Dame, aber es war Zeit für eine Veränderung. Nun habe ich eine neue Lady gefunden, jünger, schlanker, unkomplizierter, und deshalb habe ich mich neu verheiratet.« Die nach der Übernahme durch Oettinger in aller Welt eröffneten Davidoff-Läden (Hauptsitz ist Genf, die meisten anderen folgen einem Franchise-System) sind prunkvolle Tempel des Rauchens, die neben Zigarren auch elegante Accessoires anbieten. Davidoff, der 1994 starb, schrieb zwei Bücher über Zigarren und das Rauchen, die beide auf Französisch erschienen. »Eine gut gewählte Zigarre ist wie eine Rüstung und nützlich gegen die Qualen des Lebens. Ein bisschen blauer Dunst vertreibt wundersamerweise alle Sorgen«, stellte er fest.

De Niro, Robert

Der Filmstar liebt Zigarren und raucht auch vor der Kamera, etwa in Martin Scorseses *Kap der Angst* (1991), in dem er den Übeltäter Max Cady spielte. Auch als New Yorker Detektiv in dem Film *15 Minuten Ruhm* (2001) raucht er, bevor er dann vorzeitig den Tod findet.

Dufy, Raoul

Der französische Maler und Designer (1877–1953) war leidenschaftlicher Zigarrenraucher und tauschte sogar einige seiner Bilder gegen Zigarren ein.

Duke, James B. – Siehe S. 28–29.

Dunhill, Alfred

Die alte englische Firma (ursprünglich im Sattel- und Geschirrgeschäft tätig) ist seit langem mit guten Zigarren verbunden. Alfred Dunhill eröffnete 1907 sein Londoner Tabakgeschäft und war einer der ersten Zigarrenhändler, die begehbare Humidore benutzten. Die Dunhill-Läden in London und New York zählten später zu den berühmtesten der Welt. Auch in Paris hatte Dunhill einen Laden. Menendez y García brachten ihre neue Marke Montecristo 1935 als Erstes zu Dunhill. Die Firma kreierte auch Hausmarken wie Don Candido und Don Alfredo. In den 80er-Jahren gab es für kurze Zeit eigene Dunhill-Havannas mit roter Banderole und dem verlängerten »d«-Firmenlogo auf Zigarren mit Namen wie *cabinetta*, *malecón* und *mojito*. 1989 wurde die Produktion in Kuba eingestellt. Heute kommen handgemachte Dunhill-Zigarren aus der Dominikanischen Republik, Honduras und von den Kanarischen Inseln. Bei Auktionen findet man bisweilen noch kubanische Dunhills – zu extrem hohen Preisen. Alfred Dunhill schrieb das Buch *The Gentle Art of Smoking*.

Edward VII., König von England

Der Zigarrenliebhaber bevorzugte *double coronas* mit einer persönlichen Bauchbinde, die das Wappen des britischen Thronfolgers zeigte. Neben einer Romeo y Julieta ist auch die US-Massenmarkt-Zigarre King Edward nach ihm benannt. Die Marke La Corona widmete seinem Enkel Edward VIII. Gedenk-Etiketten für den britischen Markt mit einem Porträt Edwards VII. und Illustrationen von Windsor Castle und dem St. James Palace. Ein früheres Etikett derselben Marke zeigt seine Eltern, König George V. und Königin Mary.

Elgar, Edward

Der britische Komponist schrieb seine *Enigma-Variationen*, nachdem seine Frau ihm empfohlen hatte, eine Zigarre zu rauchen. Sowie er sich ans Klavier setzte, nahm das Hauptthema Form an.

Faruk I., König von Ägypten

Der glücklose König regierte von 1936 bis 1952. Er war ein enthusiastischer Raucher großer Zigarren, besonders von *double coronas*. Ein Format mit dem treffenden Namen *visible inmenso* (45,7 cm lang, Ringmaß 47) wurde eigens für ihn gefertigt. Er kaufte stets 5000 Zigarren auf einmal und soll im Genfer Davidoff-Laden 40.000 *double coronas* von Hoyo de Monterrey bestellt haben.

Foch, Marshal Ferdinand

Der französische Held des Ersten Weltkriegs glaubte, Zigarren steigerten seine Konzentration, insbesondere wenn er wichtige militärische Entscheidungen zu treffen hatte.

Freud, Sigmund

Der Wiener Begründer der Psychoanalyse, der 1939 starb, fing mit 24 Jahren an, Zigarren zu rauchen. Er rauchte oft während Sitzungen mit Patienten und sagte kurz vor seinem Tod: »Ich verdanke der Zigarre eine enorme Steigerung meiner Arbeitskraft und Selbstkontrolle.« Anhänger seiner Lehren könnten aber anderer Ansicht über die unterbewusste Symbolik von Freuds Zigarrenleidenschaft sein.

Rechts: *Sigmund Freud.*

Frost, David

Der in England und den USA tätige Moderator, TV-Interviewer (sein wichtigstes Interview führte er mit Ex-Präsident Richard Nixon) und Medienunternehmer war kaum je ohne Zigarre zu sehen, seit er in den 60ern mit der britischen TV-Show *That Was The Week That Was* erste Erfolge feierte. Als sie noch zu kriegen waren, bevorzugte er kubanische Davidoffs.

Grant, Ulysses S.

Der Befehlshaber der Nordstaatenarmeen im US-Bürgerkrieg und spätere 18. US-Präsident (1869–1877) pflegte zehn Zigarren am Tag zu rauchen, steigerte seine Dosis jedoch auf 20 bis 25, als er von Bewunderern tausende Zigarren als Geschenk erhielt. Ein Song zur Präsidentenwahl hieß *A-Smokin' His Cigar*. Der Fotograf Matthew Brady porträtierte ihn mit Zigarre, und zu seinem Freundeskreis gehörte der Zigarrenfanatiker Mark Twain (siehe S. 202). Die Zigarrenhistorie hätte einen völlig anderen Verlauf nehmen können, wenn sein Vorhaben als Präsident, die Dominikanische Republik zu annektieren, nicht mit knapper Mehrheit vom Senat abgelehnt worden wäre.

Guevara, Che (Ernesto Guevara de la Serna)

Die in Argentinien geborene Revolutionsikone der Linken war für einige Zeit kubanischer Industrieminister. 1967 wurde er in Bolivien von CIA-Agenten ermordet. Er schrieb einmal: »Ein sehr wichtiger Bestandteil des Lebens eines Guerilleros ist das Rauchen … denn der Rauch, mit dem er sich in Momenten der Entspannung umgibt, ist dem einsamen Soldaten ein guter Begleiter.« Zur Markteinführung der Cohiba kam das (wie manche meinen, zu Marketingzwecken lancierte) Gerücht auf, Che habe die Marke kreiert. Er hielt sich damals jedoch schon seit einem Jahr in Bolivien auf.

Oben: Che Guevara.

Hemingway, Ernest

Der US-Schriftsteller lebte 30 Jahre lang, bis zu seinem Tod 1961, in Kuba. Sein Haus, nicht weit von Havanna gelegen, ist als Museum erhalten. Hemingway war in vielen Bars der Welt zu Hause, aber die wahrscheinlich liebste war ihm El Floridita im Herzen von Alt-Havanna. Zigarren liebte er ebenso sehr wie Drinks, Stierkämpfe, das Hochseefischen und die Großwildjagd. Viele seiner Geschichten sind in Kuba angesiedelt, und in Romanen wie *Der alte Mann und das Meer* und *Fiesta* werden Zigarren erwähnt. In Letzterem sagt eine der Hauptfiguren: »Ich möchte, dass eine Zigarre richtig zieht … Die Hälfte aller Zigarren, die man raucht, zieht nicht.«

Hitchcock, Alfred

Der große britische Filmregisseur, der 1980 mit 81 Jahren starb, drehte den ersten erfolgreichen britischen Tonfilm (*Erpressung*, 1929) sowie eine Reihe legendärer Thriller und war leidenschaftlicher Zigarrenraucher – auch bei der Arbeit am Set. In einigen seiner Filme kommen Zigarren vor. In dem Ost-West-Thriller *Der zerissene Vorhang* (1961) gibt es eine Szene, in der ein DDR-Sicherheitsmann Paul Newman (der auch im wirklichen Leben Zigarren rauchte) eine Zigarre anbietet und sagt: »Kubanisch – Ihr Verlust, unser Gewinn.« Während man Zigarren oft mit Männlichkeit verbindet, zeigte Hitchcock in dem Film *Berüchtigt* (1946) einen reichen Zigarre rauchenden Nazi-Sympathisanten, der eine Lieferung Havannas erwartet. Er ist ein Schwächling, dominiert von seiner Mutter, und seine Leidenschaft für Zigarren symbolisiert ein verwöhntes Leben – im Gegensatz zu dem von Cary Grant gespielten harten US Geheimagenten, der Zigaretten raucht.

Hood, Thomas

Der britische Poet, bekannt für humorvolle, sozial engagierte Gedichte wie *Das Lied vom Hemde*, schrieb:

Manche lechzen nach diesem und jenem;
Meine Wünsche indes sind bescheiden;
Mag die Welt nach Belieben wüten,
solange meine Zigarre mir bleibt.

Hussein, Saddam

Der frühere irakische Diktator, im Irakkrieg 2003 gestürzt und einige Monate später gefangen genommen, rauchte Havanna-Zigarren. Reichlich versorgt wurde er lange Zeit von der kubanischen Regierung und Abgesandten anderer kommunistischer Regimes, jedenfalls solange sein Land zum sowjetischen Einflussbereich gehörte.

Infante, Guillermo Cabrera

Der kubanische Schriftsteller (der heute in London lebt) schrieb ein Buch über Zigarren: *Rauchzeichen* (1985).

Kennedy, John F.

Es war Präsident Kennedy, der das totale US-Embargo über Kuba verhängte (zuvor galt es nur teilweise), doch sicherte er sich zuvor einen ansehnlichen Zigarrenvorrat für sich selbst. Eines Abends im Februar 1962, einige Monate nach der gescheiterten Invasion in der Schweinebucht, rief Kennedy seinen Pressesekretär Salinger zu sich und wies ihn an, bis zum nächsten Morgen 1000 *petit Upmanns* aufzutreiben. Als Kennedy am nächsten Tag um 8 Uhr früh von Salinger erfuhr, dass es ihm gelungen war, 1200 Zigarren zu besorgen, griff er sofort zum Füllfederhalter und unterschrieb den Erlass, der sämtliche kubanischen Güter vom US-Markt verbannte. Die zwei Zigarren unten stammen von Marken, die Kennedy bevorzugte, auch wenn er sicher andere Formate des Angebots geraucht hätte als diese maschinell gefertigten.

Einige Monate nach Erlass des Embargos weilte Salinger (der selbst Partagas *lusitania* bevorzugte) zu Gesprächen mit Chruschtschow in Moskau. Der sowjetische Staatschef, der Zigarren nicht mochte, überreichte ihm eine Kiste mit

Oben: *John F. Kennedy.*

250 Havannas. Obwohl Salinger wusste, dass er damit gegen das Embargo verstieß, beschloss er, sie unter Ausnützung seines Diplomatenpasses mit zurück in die USA zu nehmen. Als er Kennedy Bericht erstattete, befahl ihm der Präsident aus Angst vor einem Skandal, die Zigarren umgehend bei den US-Zollbehörden zu melden und vernichten zu lassen. Salinger tat seine Pflicht, hegt jedoch bis heute den Verdacht, dass die Zollbeamten die Zigarren mit Genuss vernichteten – eine nach der anderen.

Pulitzer-Preisträger William Styron, Autor von *Sophies Entscheidung* (1979), erinnert sich an einen Abend mit Kennedy in den frühen 60er-Jahren. Nach dem Abendessen habe Kennedy seinen Gästen in Hülsen verpackte kubanische Partagas gereicht, obwohl das Embargo längst gültig war. Styron beschloss daher, die seine als Souvenir zu behalten. Im folgenden November traf er Kennedy Zigarre rauchend bei einer Party in New York. Zwei Wochen danach wurde er ermordet. An diesem Tag gedachte Styron des Präsidenten, indem er seine Partagas rauchte.

Kipling, Rudyard

Der britische Dichter, Autor von *Das Dschungelbuch* und anderer, wenig kolonialismuskritischer Werke, liebte Zigarren und schrieb (in *The Bethrothed*) die berüchtigte Zeile: »Eine Frau ist halt nur eine Frau, doch eine gute Zigarre ein Rauchgenuss!« Das Gedicht von 1886 erzählt in satirischer Weise von der Wahl zwischen einer Frau, Maggie, und dem Rauchen. Angeregt wurde es durch einen Prozess über den Bruch eines Eheversprechens im Jahr 1885, in dem behauptet wurde, der Mann ziehe Zigarren seiner Frau vor. Als Dichter versuchte Kipling lediglich, sich in die Gedanken des Mannes hineinzuversetzen. *The Betrothed* erwähnt Havanna-Marken wie Larrañaga, Partagas und Henry Clay und belegt Kiplings beträchtliches Wissen über Zigarren. Hier sind ein paar (frei übersetzte) Zeilen daraus:

Öffnet die Zigarrenkiste, reicht mir eine Kubanische daraus,
Denn alles läuft schief und mit Maggie und mir ist es wohl aus.

Wir stritten über Havannas, zankten um jeden Stumpen,
Ich weiß, sie ist streng und – nennt mich einen Halunken …

In einer Larrañaga ist Friede, Ruhe in einer Henry Clay,
Doch sie brennen nur eine Stunde, und dann sind die passé –

Öffnet die Zigarrenkiste, und lasst mich erwägen die Sachen,
Hier eine milde Manilla – dort einer Ehefrau Lachen.

Was ist das bessere Los? Das Joch, das ein Ring mit sich zieht,
oder ein Harem schlanker Gestalten, 50 in Reih und Glied?

Für Millionen Maggies ist dies Joch eine freudiges Muss,
Eine Frau ist halt nur eine Frau, doch eine gute Zigarre ein Rauchgenuss!

Gebt mir noch eine Kubanische – ich stehe zu meinem Eid.
Wenn Maggie keinen Rivalen duldet, wird Maggie nicht gefreit!

La Rochefoucauld, Duc de

Der französische Diplomat des 18. Jahrhunderts, der 1794 als Gesandter zur amerikanischen Revolutionsregierung geschickt wurde, schrieb über seine Reise: »Die Zigarre ist eine große Hilfe. Man muss lange Zeit auf Schiffen gereist sein, um empfinden zu können, wie einem die Zigarre wenigstens die Freude des Rauchens gestattet. Sie erhellt das Gemüt. Hast du Sorgen? Die Zigarre zerstreut sie ... Wirst du von unerfreulichen Gedanken geplagt? Eine Zigarre zu rauchen versetzt den Geist in die Lage, sich ihrer zu entheben ... Wenn Sorgen dich bedrücken, richtet eine Zigarre deine Sinne auf anderes ... Manchmal geht sie aus, und glücklich sind jene, die sie nicht zu bald wieder entzünden müssen ...«

Lenin, eigtl.: Wladimir Iljitsch Uljanow

Der russische Revolutionär und spätere Sowjetführer pflegte seine Zigarren im Laden Henri Davidoffs in Genf zu kaufen. Sein Sohn Zino Davidoff berichtet, Wladimir Uljanow (so sein bürgerlicher Name) habe seine Rechnung nie bezahlt. Doch hatte er schon 1901, lange vor seiner Zeit in der Schweiz (kurz vor dem Ersten Weltkrieg), das Pseudonym Lenin angenommen – die Geschichte könnte also geflunkert sein. Davidoff, der damals noch ein Kind gewesen sein muss, berichtete später: »Er hatte ein schmales Gesicht, strahlende Augen und sprach mit lauter Stimme. Er holte Zigarren, ohne zu bezahlen. Mein Vater hat nie versucht, das Geld einzutreiben. Eine Rechnung, die ich als Souvenir aufbewahrt habe, trägt den Stempel ›Nicht bezahlt‹ und den Namen Wladimir Uljanow.«

Liszt, Franz

Der Komponist, ein eingefleischter Raucher, führte stets Zigarren mit sich. Er sagte einmal: »Eine gute kubanische Zigarre schließt die Tür vor den Gemeinheiten der Welt.«

Lonsdale, Lord

Der britische Adlige und Zigarrenfreund lieh seinen Namen einem eigens für ihn kreierten Zigarrenformat. Es ist heute eines der beliebtesten Formate (für gewöhnlich 152 mm lang, Ringmaß 42). Die Marke Rafael Gonzalez trug Lonsdales Porträt auf der Innenseite des Kistendeckels.

Mallarmé, Stéphane

Der französische Dichter (1842–1898) lernte Zigarren durch den Vater kennen: »Welche Lust es war, mit meinem Vater zu Mittag zu speisen ... Nach dem Essen zog er Kisten mit prächtigen Zigarren hervor: Valle, Clay, Upmann. Ich öffnete diese Kisten, die Vorstellungen tanzender Mädchen heraufbeschworen, und entfernte die Banderolen ...« Die Maler Edouard Manet und François Nardi porträtierten ihn mit einer Zigarre in der Hand.

Mann, Thomas

Der Autor der *Buddenbrooks* und des *Zauberberg* lässt in Letzterem seinen Protagonisten Hans Castorp sagen: »Ich verstehe es nicht, wie jemand nicht rauchen kann – er bringt sich doch, sozusagen, um des Lebens bestes Teil und jedenfalls um ein ganz eminentes Vergnügen!«

Martí, José

Der kubanische Revolutionär, auch für seine Gedichte und Essays bekannt, führte den Aufstand gegen Spanien 1895 an. Er starb im selben Jahr im Kampf (mit 42 Jahren), sieben Jahre später erlangte Kuba seine Unabhängigkeit. Finanziert wurde seine Kampagne größtenteils von kubanischen Tabakarbeitern im Exil, getragen wurde sie von der politisierten kubanischen Industriearbeiterklasse unter Führung der Zigarrenarbeiter. Die Meldung von seiner Landung wurde von Key West aus an seine Gefolgsleute verschickt, versteckt in einer Zigarre. Eine der wichtigsten Havanna-Manufakturen (die frühere H. Upmann) ist nach ihm benannt. Über den Tabak schrieb er, er sei der »Trost des Gedankenschweren, die Wonne des Tagträumers ...« Zwar trägt keine Havanna seinen Namen, doch immerhin Marken aus der Dominikanischen Republik und Nicaragua.

OBEN: *José Martí.*

MARX, KARL

1818 in Trier geboren, zog Marx 1849 nach London, wo er 1883 starb. Eines Tages sah er in Holborn im Schaufenster eines Tabakhändlers eine Werbung für billige Zigarren mit dem Slogan: *Je mehr Sie rauchen, desto mehr sparen Sie.* Er bewies ökonomischen Witz, indem er Freunden erklärte, wenn er sie kaufe, spare er einen Shilling und sechs Pence pro Kiste und werde, wenn er genug davon rauche, eines Tages von seinen Ersparnissen leben können. Wie Francis Wheen in seiner Biografie von 1999 schreibt, wurde die Theorie jedoch »mit derart lungenraspelnder Hingabe in die Tat umgesetzt, dass schließlich der Arzt der Familie eingreifen musste und dem keuchenden Patienten verordnete, einen anderen Weg zu finden, sich zu bereichern«.

MARX, GROUCHO

Ein legendärer Zigarrenraucher. Als ihn seine Frau einmal bat, das Rauchen aufzugeben, beschied er: »Nein, aber wir können Freunde bleiben.« Ein anderes Mal erzählte ihm eine Frau, sie habe 22 Kinder, weil sie ihren Mann liebe. Er antwortete: »Ich mag meine Zigarre auch sehr. Aber ab und an nehme ich sie doch mal aus dem Mund.« Außerdem sagte er: »Eine Sache habe ich an Frauen nie begriffen: Sie überschütten sich mit einem halben Liter Parfum, einem Pfund Puder, stinkendem Haarwasser und einem halben Dutzend verschiedener Körperöle, und dann besitzen sie die Frechheit, sich über den Duft einer Zigarre zu beschweren.« Er liebte starke Zigarren wie die Dunhill *410*.

MAUGHAM, (WILLIAM) SOMERSET

Der zeitweise reichste Schriftsteller der Welt berichtet in seiner Autobiografie von seiner Zigarrenleidenschaft: »Eine gute Zigarre ist eine der größten Freuden, die ich kenne. Als ich jung und sehr arm war, rauchte ich nur, wenn mir Zigarren angeboten wurden. Wenn ich je zu Geld käme, schwor ich mir, würde ich jeden Tag nach dem Mittag- und Abendessen eine Zigarre genießen. Dies ist der einzige Vorsatz aus meiner Jugend, den ich eingehalten habe, und der einzige in Erfüllung gegangene Wunsch, der mir keine Enttäuschung einbrachte. Ich schätze milde Zigarren, von delikatem Aroma und mittlerer Länge. Wenn die Zigarre zu klein ist, kann man den Rauch nicht genießen. Ist sie zu dick, überwältigt er einen.«

Mencken, Henry Louis

Dem großen, in Baltimore geborenen Querdenker, Journalist und Kritiker (1880–1956) wurden Zigarren praktisch in die Wiege gelegt: Sein Vater, der deutschstämmige August Mencken, besaß eine Zigarrenmanufaktur. Der Sohn arbeitete in jungen Jahren in der Manufaktur und wurde später einer der beliebtesten und zugleich gefürchtetsten Journalisten und Kommentatoren der USA. Als eine Gruppe von Frauen ein Zigarrenverbot in der Straßenbahn von Baltimore forderte, schrieb er: »Frauen sind im Allgemeinen nicht annähernd so feinfühlig, wie die Romantik sie erscheinen lässt. Eine Frau, die es eine halbe Stunde auf dem Fischmarkt von Lexington aushält, ist wohl in der Lage, ein paar Wolken Tabakrauch zu ertragen.« Und er stellte fest: »Nicht eine von 10.000 Frauen kann guten Tabak von schlechtem unterscheiden.«

Menendez

Eine der großen kubanischen Herstellerfamilien, gemeinsam mit den Garcías Inhaber von H. Upmann und Montecristo. Alonzo Menendez war 1890 aus Spanien eingewandert, doch verließ die Familie Kuba nach der Revolution und produzierte fortan auf den Kanarischen Inseln *Montecruz*-Zigarren. Alonzos Sohn Benjamin Menendez leitete später die Produktion der General-Cigar-Marken in Jamaika und der Dominikanischen Republik. Er sagte: »Jede Zigarre hat ihre eigene Tageszeit. Je milder sie ist, desto besser schmeckt sie am Morgen. Je voller der Körper, desto mehr passt sie zum Abend.« Sein eigener Favorit ist die (dominikanische) Partagas *Limited Reserve Royale* (171 mm, Ringmaß 43), eine, wie er findet, starke, reife und »exquisite After-Dinner-Zigarre«.

Musset, Alfred de

Der französische Dichter, Romanautor und Dramatiker (1810–1857) war leidenschaftlicher Zigarrenraucher. Er nannte die Zigarre »die beste Art, die Zeit totzuschlagen«. Außerdem schrieb er: »Jeder Zigarrenraucher ist ein Freund, denn ich weiß, was er fühlt.« Zu seinem Zigarren-Freundeskreis gehörten Franz Liszt und George Sand.

Nicholson, Jack

Der Filmstar kam durch seine Rolle als Maat in *Das letzte Kommando* (1973) zur Zigarre. Daraufhin fing er wieder an zu rauchen – zuvor hatte er sich die Zigaretten abgewöhnt.

Palicio

Die Familie war vor der kubanischen Revolution Inhaber von Hoyo de Monterrey und Punch. Punch ist sehr stark mit Fernando Palicio, ihrem letzten privaten Besitzer, verbunden, dem auch die Marke Belinda gehörte. Er trug maßgeblich zur Durchsetzung des *half-corona*-Formats (*petit Punch*) bei, vor allem in Großbritannien. Die Palicios kreierten auch die Marke Macanudo, einen Ableger von Punch, deren Produktion während des

Zweiten Weltkriegs in Jamaika begann. Außerdem halfen die Palicios dem jungen Zino Davidoff bei seinem Einstieg ins Zigarrengeschäft und produzierten in Kuba sein Sortiment von *Château*-Zigarren. Die Markenrechte für nichtkubanische Hoyo-de-Monterrey- und Punch-Zigarren gingen später an Villazon (heute im Besitz von General Cigar).

Putnam, Israel

Der Mann, dem man die Einführung der Zigarre in Nordamerika im Jahre 1762 zuschreibt, Colonel Israel Putnam, war Offizier der britischen Armee. Er nahm an der Belagerung und sechsmonatigen Besetzung Havannas teil – und entdeckte dabei Zigarren. Weitere Meriten errang Putnam 1775, als er zum Generalmajor der Kontinentalarmee ernannt wurde und im amerikanischen Unabhängigkeitskrieg bei Bunker Hill erbittert gegen die Briten kämpfte. Er starb 1790.

Ravel, Maurice

Der französische Komponist (1875–1937) kam aus wohlhabenden Verhältnissen (sein Vater war Schweizer, die Mutter Baskin). Er lebte zurückgezogen, war überzeugter Zigarrenraucher und behauptete, das Rauchen helfe ihm beim Komponieren. Seine Leidenschaft teilte er mit der Dichterin Colette, die das Libretto zu seiner bekanntesten Oper *L'enfant et les sortilèges* (1925) verfasste.

Rothschild

Viele Mitglieder der großen Bankiersfamilie gehören zum Kreis der Zigarrenliebhaber, besonders die Weinproduzenten aus der französischen Linie. Sie gestatteten Zino Davidoff die Verwendung der Namen einiger ihrer besten Weine für seine *Château*-Zigarren. Als in den 1980er-Jahren die Reihe Zino *Mouton Cadet* gestartet wurde, begleitete Baronin Philippine de Rothschild Davidoff auf einer Werbereise durch die USA. *Robusto*-Formate nichtkubanischer Zigarren werden manchmal *Rothschild* genannt. Der Name geht auf den zweiten Lord Rothschild zurück, ein Mitglied der britischen Linie der Familie.

Rubinstein, Arthur

Der große, in Polen geborene Pianist, der mit 13 in Berlin sein erstes öffentliches Konzert gab, liebte Zigarren. Er kaufte sich vor der kubanischen Revolution eine Plantage in der Region Vuelta Abajo und war so vorausschauend, sich kurz vor der Revolution genug Havannas für den Rest seines Lebens zu sichern. Seine Lieblingsmarke war Romeo y Julieta, und seine Zigarren trugen persönliche Bauchbinden mit seinem Porträt.

Oben: *Zigarrenkisten-Etikett für Romeo y Julieta.*

Sand, George

Die französische Autorin (1804–1876) rauchte oft und gern Zigarren. Sie schrieb einmal: »Zigarren lindern den Schmerz und des Menschen Einsamkeit mit gnädigen Bildern.« 1845 reagierte sie auf die offensichtliche Verblüffung eines jungen russischen Adligen, vor dessen Augen sie sich eine Zigarre angezündet hatte, mit den Worten: »In St. Petersburg wäre es mir wohl nicht gestattet, in einem Salon eine Zigarre rauchen.« Worauf er geantwortet haben soll: »In keinem Salon, Madame, habe ich jemals eine Frau eine Zigarre rauchen gesehen.« Eine ausschließlich Frauen vorbehaltene Zigarrengesellschaft im kalifornischen Santa Monica ist nach ihr benannt.

Schwarzenegger, Arnold

Der heutige Gouverneur von Kalifornien ist ein kluger Geschäftsmann und nebenbei immer noch einer der größten Publikumsmagneten Hollywoods. Der in Österreich geborene frühere Bodybuilder ist mit TV-Moderatorin Maria Shriver verheiratet, einem Spross der Kennedy-Familie, durch deren Vater Schwarzenegger 1977 auf dem Kennedy-Anwesen in Hyannisport »echte« Zigarren kennen lernte. Sein Favorit ist die kubanische Cohiba *esplendido*, er raucht aber von Zeit zu Zeit auch andere Marken, etwa Davidoff.

Scott, Ridley

Der britische Filmregisseur von Streifen wie *Blade Runner*, *Alien* und *Gladiator* ist gelernter Designer und berühmt für seinen visuellen Spürsinn. Für den Mann, der *1492* drehte, den Monumentalfilm über Kolumbus' Reise (mit Gerard Depardieu), gehört es sich natürlich, dass er kubanische Zigarren schätzt, besonders Cohibas. Auch sein Bruder Tony Scott, Regisseur so populärer Filme wie *Top Gun*, ist Zigarrenliebhaber. In *Crimson Tide* bietet Gene Hackman als U-Boot-Kommandant dem Marinesoldaten Denzel Washington eine Zigarre an, mit den Worten: »Ihr letztes bisschen verschmutzter Luft für die nächsten 65 Tage. Ich vertraue keiner Luft, die ich nicht sehen kann.«

Sibelius, Jean

Der große finnische Komponist schrieb, nachdem er zu seinem 83. Geburtstag kubanische Zigarren als Geschenk erhalten hatte, in einem Dankesbrief: »Da einer meiner Onkel in Kuba gelebt hat und gestorben ist, habe ich stets großes Interesse für Ihr bewundernswertes Land gehegt. Des Weiteren rauche ich schon mein ganzes Leben lang Havanna-Zigarren und selbstverständlich sind sie immer von großer Bedeutung für mich gewesen.«

Sinatra, Frank

Der 1998 verstorbene Sänger, Schauspieler und Entertainer schätzte das *Lonsdale*-Format, besonders Saint Luis Rey und die Montecristo *No. 1*.

Stendhal

Der französische Autor (1783–1842) von *Rot und Schwarz* (1830) und *Die Kartause von Parma* (1839) erwähnte in seinen Werken oft Zigarren. Über italienische Toscani-Zigarren, die er besonders schätzte, schrieb er: »An einem kalten Wintermorgen stärkt eine Toscani-Zigarre die Seele.«

Thackeray, William Makepeace

Der englische Schriftsteller (1811–1863) schrieb: »Ehrbare Männer mit Pfeifen und Zigarren in ihren Mündern haben in der Konversation schon körperlich große Vorteile ... die Zigarre bringt die Gesellschaft in Einklang und mildert zugleich den

Sprecher und den Gegenstand, über den er spricht ... Ich schwöre und glaube, dass die Zigarre einer der größten leiblichen Genüsse meines Lebens ist – gütiger Begleiter, sanftes Stimulans, liebenswürdiger Trost, Befestiger der Freundschaft.«

TROLLOPE, ANTHONY

Der viktorianische Romancier und Verwaltungsbeamte rauchte sehr gerne Zigarren (es existiert ein Foto, das ihn dabei zeigt). Seine Frau Rose zwang ihn allerdings, zum Rauchen in den Garten zu gehen.

TWAIN, MARK

Einen leidenschaftlicheren Zigarrenraucher als den großen US-Humoristen und Autor kann man sich kaum vorstellen. Für gewöhnlich rauchte er um die zehn billige Zigarren am Tag; wenn er an einem Buch arbeitete, waren es jedoch weit mehr. Seine Rauchgewohnheiten während der fünf Stunden, die er täglich mit Schreiben zubrachte, beschrieb er so: »Ich rauche mit meiner ganzen Kraft und gestatte mir keine Pause.« Er versuchte auch einmal, sich einzuschränken: »Ich gelobte, täglich nur eine Zigarre zu rauchen ... Aber die Sehnsucht drangsalierte mich jeden Tag, und zwar den ganzen Tag über. Ich ertappte mich dabei, wie ich nach größeren Zigarren Ausschau hielt ... Innerhalb eines Monats hatte meine Zigarre solche Ausmaße erreicht, dass ich sie als Krücke hätte verwenden können.«

VAN DONGEN, KEES

Der niederländische fauvistische Maler, der 1968 in Monaco starb, schrieb: »Die Zigarre sollte, wie die Pfeife, Ihrem Körperbau angepasst sein.« Das ist ein guter Rat.

WAGNER, RICHARD

Der große Opernkomponist erhielt von Bewunderern seiner Kunst eine Geschenkpackung mit Zigarren und er antwortete seinen Gönnern, dass ihm die »Wunderdinge aus Havanna« bei der Vollendung seiner Oper *Die Götterdämmerung*, des letzten Teiles des großen musikdramatischen Zyklus *Der Ring des Nibelungen*, geholfen hätten.

OBEN: *Wagners Porträt auf einer Kiste der Marke La Flor de Wagner.*

WARNER, JACK

Getreu dem Image eines Filmproduzenten, war der große Studioboss von Hollywood, der 1923 mit seinen drei Brüdern »Warner Brothers« gründete, ein eifriger Raucher. Er bevorzugte milde Zigarren. Im Casino von Cannes gewann er einmal 100 Millionen Francs, während er eine *panatela* von Hoyo de Monterrey rauchte. Die Überreste der Zigarre bewahrte er in einer silbernen Dose auf. Seinen Zigarrenanschneider, der zuvor dem Lord Mountbatten gehört hatte, erwarb später der Regisseur Francis Ford Coppola.

Waugh, Evelyn

Der britische Romanautor des 20. Jahrhunderts, war ein begeisterter Zigarrenraucher und Lebemann. In seinem Hauptwerk *Wiedersehen mit Brideshead* (1945) erwähnt er die Marke Partagas. Auch sein Tagebuch gibt an vielen Stellen Zeugnis von seiner Leidenschaft – ob zu Hause in Combe Florey (Somerset), im White's Club in St. James oder in Restaurants. Er wurde oft mit Zigarre porträtiert, und er rauchte auch während der Arbeit. Seine Einstellung zur Zigarre bringt der folgende Kommentar auf den Punkt: »Noch der nutzloseste und schlimmste Tag erscheint wohl zugebracht, wenn man durch den blauen, duftenden Rauch einer Havanna auf ihn zurückblickt.«

Welles, Orson

Welles, einer der größten Namen der Kinogeschichte, begann 1941 als *Citizen Kane* seine außergewöhnliche Karriere. Sein Leben lang bis zu seinem Tod 1985 rauchte er gerne Zigarren. Auch in einigen Filmen ist er rauchend zu sehen, so etwa – an der Seite der Zigarrenliebhaberin Marlene Dietrich – in *Im Zeichen des Bösen* (1958) als skrupelloser, Zigarren nuckelnder Polizist Hank Quinlan. Zino Davidoff berichtete, Welles habe jede Kiste öffnen lassen, bevor er sie kaufte. »Wenn man das ablehnt, grummelt er, kauft die Kiste aber trotzdem. Er hat sich über seine Einkäufe noch nie beklagt.« Welles' Lieblingsmarke war Por Larrañaga. Passend zu seiner eigenen Leibesfülle bevorzugte er dicke Zigarren.

LINKS: *Orson Welles.*

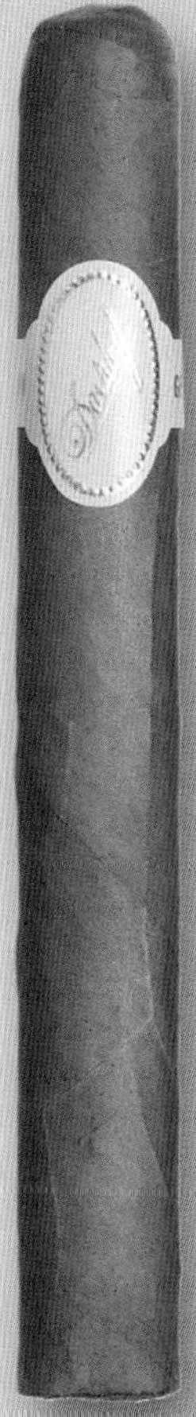

Zanuck, Darryl F.

Der Leiter der Produktion bei 20th Century Fox war auf Fotos nur selten ohne Zigarre zu sehen (außer wenn er gerade auf einem seiner Polo-Ponys saß) und hielt Anteile an einer Plantage in Vuelta Abajo. Er liebte dunkle, vollkörperige Colorado-Deckblätter auf Zigarren wie der El Rey del Mundo *corona.* Seit er 1925 mit 23 Jahren Produktionsleiter bei Warner Brothers wurde, mit einem Jahreseinkommen von 250.000 Dollar, rauchte er regelmäßig Zigarren. Er glaubte, das (und ein Schnurrbart) lasse ihn älter wirken und verleihe ihm mehr Autorität. Die beste Zigarre des Tages, fand er, war die erste, die er abends anzündete. Danach rauchte er bis in den frühen Morgen eine nach der anderen, während er Filmkopien durchsah und über Drehbüchern brütete. »Ich würde lieber mit einer Zigarre im Mund sterben als mit Stiefeln an den Füßen«, sagte er nach einem Schlaganfall zu seinem Arzt. In *Der längste Tag* (1962) ist sein Freund Robert Mitchum als Brigadier-General Norman Cota am so genannten »D-Day« zu sehen – fast durchgehend mit Zigarre.

Register

Fett gedruckte Seitenzahlen verweisen auf Bilder bzw. Illustrationen.

Z

Bildnachweise

Mark Acton; **Alamy Images**: 33; 41 **akg-images**: 10; 188 **Chris Barrass**; **Simon Chase**; **Jean Clarke**; **Corbis Picture Library**: 8; 11; 15; 16; 18; 21; 23; 25; 26; 29; 31; 32; 36; 38; 43; 45; 48; 56; 59; 60; 168; 195; 198; 202 **Rory Gill**; **Sarah Hannah**; **Michael Heizelight**; **Martin Lane**; **Bruce Lewis**; **Janelle Rosenfeld**; **Edward Sahakian**; **Werner Schmitz**